泰國及泰北華文教育

作　者◉黃通鎰
策劃主編◉財團法人興華文化交流發展基金會
世界華語文教育學會

百年華教的回顧與前瞻——出版華教叢書序言

華文教育是華人移民過程中建立起來的一個特殊的族裔語言文化教育體系，華文教育的發展過程也是華人社會一個具有廣泛文化意義的歷史進程。因此，研究華文教育是深入認識華人歷史文化的重要途徑。

華人在海外辦學的歷史很早，最早有文獻記載的是清康熙二十九年（一六九〇年）印尼巴城（巴達維亞，今之雅加達）的明誠書院，距今已有三百多年的歷史，但它與國內的私塾無異。

真正具有特殊歷史意義的華文教育體系，是在十九世紀末和二十世紀初華僑社會已融入西方教育理念，在一些規模較大的華埠建立了新式學堂，開啟了華文教育的新時代。這些學堂和私塾有明顯的不同，除了傳統的儒學，加入了大量的地理、物理、生物等科學新知，甚至有英語課程。可以日本橫濱的大同學校（一八九八年）、印尼中華會館學堂（一九〇一年）、馬來西亞檳城的中華學堂（一九〇四年）為代表。我們一般稱的華僑學校，都是現代華文教育的產物。一九〇五年清廷廢科舉、興學堂、派留學生，一連串的教育改革，已然落後華僑學校的發展。

清王朝的最後十年（一九〇一年－一九一一年）是現代華僑學校發展的第一波熱潮。東南亞的馬來亞有十餘所，而荷屬東印度各地中華學堂則發展到六十五所；北美的三藩市（大埠）、沙加緬度（二埠）、紐約、芝加哥、波特蘭、西雅圖及加拿大的溫哥華、維多利亞等地先後興建了大清僑民學堂；菲律賓、日本、朝鮮、安南、暹羅、緬甸等國也出現了一批以「中華」冠名的新式學堂。這些華僑學堂大都是在各地華僑會館（或單一族群僑團）的主持下創辦的，是一種有組織的自覺興學。學堂在民國成立後，大都改稱為學校，教學內容上，雖然也注重傳統倫理道德和尊孔思想，但更注重培養子弟適應社會生活所需的各種技能。各地中華學校開設的課程有國文、經濟、歷史、地理、修身、體操等科目，遠遠超出了傳統學塾的教學範圍。

辛亥革命後的十五年（一九一二年－一九二七年），雖然國內政治不安，但華僑社會仍充滿了迎接新時代的熱忱，展開第二波興學的熱潮。華僑學校逐漸普及於僑胞聚集的各個地區，包括城市和鄉村。北京的北洋政府也協助僑社興學，這段時期部分地區僑社組成了僑教組織，有系統的籌募經費、改善僑校的基礎設施，協調共同的課程等，是華文教育系統化發展時期。

民國十六年南京國民政府成立後到日本發動太平洋戰爭期間（一九二七年－一九四〇年），是第三波興學的熱潮，也是華僑學校僑教化的重要時期。這段時間，僑社普設華僑小學，更重要的是華僑中學日漸增多，僑教組織更加制度化。南京國民政府非常重視僑務，加強對華僑教育的管理。民國十七年（一九二八年）六月在大學院特設「華僑教育委員會」專門管理華僑教育事宜，制定《華僑學校立案條例》、《華僑小學暫行條例》、《華僑補習學校暫行條例》、《駐外華僑勸學員章程》、《華僑視學員章程》等法令，進一步規範了華僑教育的管理。次年（一九二九年）十一月，國民黨中央訓練部在國立暨南大學組織召開了第一次南洋華僑教育會議，通過了《華僑教育會議宣言》和二十五項決議案，各地僑校的管理者在會議中交流了華僑教育經驗，針對華僑教育發展中存在的問題和改進意見。[1]教育部成立了「華僑教育設計委員會」，作為辦理華僑教育的諮詢機構，負責擬定改進華僑教育方案、調查華僑教育情況、計畫華僑教育經費及其它有關事項。民國二十年（一九三一年）秋，僑務委員會成立，下設僑民教育處，主管華僑教育的調查、立案、監督、指導等工作。在教育部和僑務委員會的聯合指導，以及各地僑教組織配合的共同努力下，華僑教育日趨完善，成為獨步全球的「僑民教育體系」。

華僑教育在母國政府的輔導下發展成僑民教育體系，有幾個重要規範：一、華僑學校使用國內統一的教材；二、課程標準化；三、國語教學的普及；四、校長從母國派任。從文化意義上而言，強化了海外華人的「華人性」（Chineseness），具體而言是：促成了各地華僑社會的橫向聯繫與一體化，提升了華人認同祖國的民族主義。伴隨著日本侵華日亟，也為動員華僑抗日打下了基礎。但也引發了一些負面效應，使得僑居地政府的警惕和不安，除了頒佈各種法令限制華僑學校教學以外，或開設學校，吸引華僑子弟入學；或以津貼華僑學校控制辦學方向，

[1] 國立暨南大學南洋文化事業部編《南洋華僑教育會議報告》一九三〇年，第二十二頁。

同化、分化雙管齊下。也為戰後居住國獨立後全面限制華教的政策埋下了伏筆。

日本發動太平洋戰爭後，東南亞的華僑學校一度停擺了三年多（一九四二年－一九四五年），許多僑校被日本軍隊刻意佔用和破壞。日本戰敗投降，退出東南亞各國，中國國際地位提升，華僑社會展開了大規模的復校運動，並籌辦新學校。戰後二十年（一九四五年－一九六五年）是華僑教育的第四波熱潮，也是最高峰時期。然而，好景不長，由於國際冷戰，東南亞各國獨立，中國內戰以至分裂，僑社也分裂。一九六五年之後東南亞的僑民教育盛極而衰，只有馬來亞華社在馬來西亞獨立後因華人人口比例較高，幾位華教領袖如林連玉、沈慕羽等人的努力下，爭取華族的族裔語言受教權，保存了華校的體系，為了避免族群衝突，刻意自稱華族教育，不再以僑教自居。

在東南亞排華四起，華僑經濟和華僑教育遭受全面打擊之時，一九六七年中國大陸陷入文化大革命的混亂，視僑胞為外國人，把海外關係界定為「反動的政治關係」，僑務全面停頓，僑胞陷入內外交侵的困境。在這個艱困時期，在臺灣的僑務委員會仍努力協助尚存的華校，與大量招收華僑回國升學配合下，為「僑教」保留了出路。也因為戰後的國共內戰，東南亞還發展出兩個特殊的華教體系：一是泰北孤軍子弟的華僑學校，二是緬北臘戌地區的果文學校。此外，北美地區開放移民，大量從臺灣去的留學生為其子弟創造出一種週末上課的中文學校模式，可謂東邊關了一扇門，西邊打開另扇窗。馬來西亞、泰北、緬北的華校，北美的中文學校，僑生回國升學，為一九六〇年代之後的華文教育保存了命脈。

為了適應戰後的政局變化，華僑身份的改變，母語教學為主的僑校體系逐漸轉化為族裔語言教學的華教體系，華校逐漸轉型為開設華語課程的私立（民辦）學校，以華語為教學語言的全日制華校走人歷史。華教體系多元化發展，半日制、混合制、週末制、補習班等紛紛出現，華文教育的三教問題也因此變得複雜。難能可貴也令人欽佩的是，僑社之中仍然有為保持族裔語言文化而努力不懈的華教奮鬥者。

一九八〇年代大陸新移民遍佈全球，華僑社會有了結構性的轉變。中國大陸經濟崛起和全球化的發展，華語熱甚囂塵上，兩岸政府積極投入資源，在高等教育中成立專業，培養華語教學人才。不論是大陸發展的「漢語國際教育」[2]，或臺灣推動的「對外華語教學」，都發現發展了百年的華文教育是中文國際化最重要的基礎。

華文教育是隨著華人移民發展的，一九九〇年代以後華文學校的模式和華文教育的內容，是以週末制中文學校為主流。二十一世紀華文教育的發展，則取決於華人新移民與居住國的主流教育體系互動下，將採取什麼樣的家庭語言政策（family language policy）為主。大陸和臺灣也都可以發揮影響力，大陸的整體國力將影響華語的國際地位、其對外關係會影響中華文化的國際傳播；臺灣的僑生升學制度（包括海青班）、海外臺灣學校的經營，也會為華文教育的永續經營提供寶貴的經驗。近年東南亞的華語成人補習班、三語學校和（有華語部的）國際學校

[2] 大陸最初稱為「對外漢語教學」，後改稱「漢語國際教育」，二〇二〇年再改稱「全球中文教育」。

發展；美國華人經營的課後班（after school），主流學校從二〇〇六年快速增加的沉浸式中文學校，是幾個重要的新趨勢。他們透露的訊息是：華文教育國際化、在地化勢所必然；華語的工具性增加，文化性淡出。

興華文教基金會在董鵬程先生主持時，就計畫出版系列研究華文教育的書籍，可惜壯志未酬。新董事會為完成其心願，邀集多位長期從事僑教的學者參與撰寫各地僑校的發展，期能保存華文教育的歷史，彰顯華人在海外傳承中華文化的偉大情懷。並鼓勵對華文教育深入研究，對華文教育的未來能有所啟發。

僑教向為僑務的核心工作，本人從臺北市政府到僑委會服務的期間，就全力投入第二處的僑教工作，足跡踏遍海外僑區，也推動包括緬甸、泰北的師培專案，臺商子弟教育即臺北學校的籌建，全球華文網路教育中心的建構，為九〇年代僑教數位化鋪設人才培育、學術研究及電腦軟硬體設備的基礎工程，期間本人廣泛接觸第一線以復興中華為己任的僑教領袖和僑校教師，深感僑教工程的重要和所有投注心力的參與者的偉大，這也是後來有機會回會擔任委員長後，特別延攬華語文專家擔任副委員長以及在最短時間內編印《學華語向前走》這套教材，希望為僑教奠定更紮穩基礎的努力。

凡走過必留下痕跡，是希望把所有僑教經驗都能順利完整的傳承，也期盼能鑑記僑教發展的全球軌跡。本人也要藉此套叢書的出版，向所有僑教前輩先進致敬，也要鼓勵更多的年輕新生社群一棒接一棒的努力下去，永續發展興華大業。本套叢書的出版要感謝基金會所有董事監事的全力支持，任弘兄和良民兄的協助，以及熱心人士的贊助，期望我們可以共同維護、傳承僑教的火苗。

興華文化教育發展基金會董事長　陳士魁

目次

第一章 緒論

第一節 何以要重視華僑教育？

中華民族是世界上的人口大國，世界總人口約七十億，大陸與港澳臺已近十五億，分佈在海外的華僑、華裔已逾六千萬，占世界人口五分之一強。中華民族人口眾多，實是地大物博，在悠久的歷史長河中，民族不斷融合、壯大；根深蒂固的不孝有三，無後為大，多子多孫多福氣的觀念。而支撐中華民族歷久彌新的凝聚力量則是博大精深，有容乃大的中華文化及民族精神教育。「華僑」一詞，其實是一個籠統的概念，即廣義指「海外華民」。其身分雖有華僑、華人、華裔之別，但都屬炎黃子孫，身上都流淌著華夏祖先遺傳下來的血液。雖散居世界各地，遠離祖國，有的已融入居住國，但因有中華文化的凝聚力，都眷戀故鄉，有著深厚的鄉土情懷，並發展成強列的愛國情操及愛國行動。

華僑以廣東、福建兩省人為主，其原因是粵、閩生產不足自給，糧食嚴重缺少，早在清朝米糧已賴越南、緬甸、暹羅輸入，人民為了生存只好冒險往海外謀生。但這兩省的建設比其他省份是進步的，像公共事業如電燈、電話、馬路、汽車、輪船、自來水、住宅等，都是靠省民自己投資興辦。經費哪裡來？一切的建設力量都是靠華僑的「僑匯」。所以有人說：「如果沒有華僑，不但沒有建設的力量，連吃飽飯都是問題。更有人譬喻，華僑是乳牛，一大群放在海外的牧場，吃飽後回家鄉餵養了親人」。粵、閩兩省的教育相對於其他大部分省份是發達的，以各級私立學校比公立學校多就是證明。且私校學校建築物美侖美奐，設備齊全，師資陣容堅強，其教育經費都是來自華僑。

滿清末年，政治腐敗，國家貧弱，列強侵略，國家淪為次殖民地。孫中山先生奮起倡導國民革命救中國，從興中會始，就靠華僑支持，歷經十次失敗，終推翻滿清建立民國。所以中山先生稱：「華僑是革命之母」，絕不是隨口的恭維，而是根據四十年革命過程中，歷經艱危、失敗，華僑矢志犧牲奉獻，才使革命成功，衷心感謝的實話。

八年抗戰期間，華僑節衣縮食，對國家捐輸，親身參加抗戰行列，或在海外從事敵後工作，與日寇周旋，犧牲性命，甚至傾家蕩產，終使抗戰贏得勝利，國家地位提升，列入五強之一，華僑功不可沒。

近百年來，國家每有天災，華僑捐資出力，支持政府，度過艱難，使同胞解困。尤其對祖國的重大民生建設，如建學校、蓋醫院、造橋樑、修道路、更是不遺餘力支持，貢獻智慧心力，令國人敬佩。

華僑以實力襄助居住國各項建設，發展經濟，以友誼、情義贏得居住國政府對祖國的邦誼，扮演民間大使的角色。尤其將中華王道文化，道家「天人合一、法天則地、塵視六合」的哲學思想，儒家「忠恕、四維、八德」的教育精神，弘揚海外，厥功至偉。

由以上綜觀，華僑的愛國情操及愛國行動可概括為：革命建國、抗戰救國、愛心護國、投資興國四大功績。

然而，時至近兩世紀，資本主義政治經濟畸形的發展，經濟危機加劇了帝國主義國家之間的利益衝突矛盾，導致第一、二兩次世界大戰。戰後，各國民族意識昂揚，迫使帝國主義的統治面臨了清算時期，被殖民地，民族覺醒，紛紛發動民族自決，要求獨立。當新國家的出現，受害的雖是原帝國殖民主，但連帶受傷的則是華僑的生命財產，真是「城門失火，殃及池魚」。

這種事故的產生自有其歷史背景：

一、帝國主義國家對殖民地的統治均採取「分而治之」的策略，要殖民地的官吏向原住民宣傳，「華僑為搾取者，是殖民主的支持者」，埋下離間原住民與華僑感情的種籽，其主要目的是移轉原住民對殖民統治階級的不滿心理。

二、一般而言，原住民程度低淺，知識水準不高，生活相對貧苦，在獨立建國的群眾運動中，受到有心人的蠱惑，有乘機發財的念頭，華僑散居各地，經濟比較富裕，自然最易光顧。

三、有別有用心的政客，故意歪曲事實，製造種族矛盾，以排華政策取悅群眾，實則以政治手段，掠奪華僑財產，使其傾家蕩產，甚至犧牲性命。

四、華僑中因家境富裕，難免有財大氣粗，出現紈絝子弟，引起原住民不滿或眼紅，一旦有報復機會絕不會放過。

這種新情勢的產生，華僑為了生存，雖也曾期望祖國的政府能救助，但往往不切實際，唯一辦法還是自救。經歷兩次世界大戰的痛苦教訓，華僑中有識之士，看清楚了「有錢沒有權，錢也保不住」。也看到以前的殖民主，除了白皮膚的優越性，更重要的是他們知識水準高，曾經受過良好的教育。所以，華僑中經濟基礎較好者，開始重視子女的教育，改變了以往私塾讀三字經、唐詩、千字文等只為保種的傳統觀念，明白了要接受新式教育，培養人才，並提高了參與政治的興趣。華僑也自覺，黃皮膚的華裔並不遜白皮膚的民族，只要具備了能力也可以做新獨立國家的主人。在這種情勢的轉變中，華裔所依持的有利條件如下：

一、華裔土生土長，在語言與生活習慣上與原住民並無區別。
二、華裔的教育程度一般比原住民較高。
三、華裔的聰明才智比原住民高，且具備了華人刻苦耐勞，冒險實幹的精神。
四、華裔家族的經濟條件較優，可做為公關的助力。
五、華裔絕大多數已擁有居住地的法定國籍，有的已和當地女子結婚，生兒育女，享有與原住民相同的權利。

但是，華裔也警覺到，想在居住國，立足生根，有發展，幹出大事業，不能缺少正確的領導思想，有效能的組織，尤其需有高瞻遠矚、雄才大略的領袖人物。這些都與人才有關，而人才的培養需要好的教育與環境，教育的良窳在師資與優質的教育環境，而海外僑校則普遍缺少頂尖的師資，好的學習環境，這些都必須靠祖國政府的協助。於是在海內外需求下，國民政府主管僑教、僑務的機構「僑務委員會」就因應而生。

第二節　國民政府的華僑教育

一九一二年（民國元年）中華民國建立後，孫中山稱譽「華僑為革命之母」之同時，提出國民政府要設立常設機構扶植海外華僑。然民國初建，政權不幸即落入袁世凱之手，袁氏陰謀竊國稱帝，幸得唐繼堯、蔡鍔、李烈鈞三傑領導雲南軍民於一九一五年（民國四年）發起護國首義，氣死了袁世凱，延續了民國命脈，但爾後十餘年北洋政府淪為軍閥爭鬥戰場，對華僑教育並未重視。

一九二四年（民國十三年）一月二十四日，孫中山在廣州創辦「陸軍軍官學校，一九二七年（民國十六年），改制為中央陸軍軍官學校，簡稱黃埔軍校」，為國民革命培養軍事人才，並成立大元帥府，作國民政府武力北伐，統一中國的領導中心。於此同時設置「僑務局」隸屬內政部，此乃「僑務委員會的前身」，亦是中國政府有計畫扶植海外華僑之濫觴。國民政府的「華僑教育」可明顯地分成兩大階段：

第一階段約三十年（一九二六－一九五六），以「華僑教育」為重心。

自一九二六年（民國十五年）年始，歷經抗戰、國共內戰，至大陸淪共初期，是國民政府全面主導時期。第二階段亦約三十年，自國民政府遷臺後，雖歷經八二三砲戰，退出聯合國，但已立定了腳跟。至一九八六年（民國七十五年），因時空的改變，中共改革開放成功，國力逐漸崛起，兩岸關係解凍，海外僑教休兵，華文教育主導權逐漸易手，演變成兩岸攜手合作，使「華僑教育」嬗變為「華文教育」。兩階段前後約一甲子，並為二十一世紀「全球化的華文熱」奠下堅實的基礎。茲分述如後：

國民政府的華僑教育雖源自民國初年，但實則開始於一九二六年（民國十五年），此年中國國民黨在廣州召開第二次全國代表大會，決議設立「僑務委員會」隸屬國民政府，位階為「部級」。同年僑委會召開海內外委員會，通過三項華僑政策：

一、設法使華僑在居住地得到平等待遇。
二、華僑子弟歸國求學者，須予相當便利。
三、華僑回國興辦實業者，務須予特別保證。

一九二七年（民國十六年），國民政府外交部在上海設立「僑務局」，又在南京國府大學院設「華僑教育委員會」。一九二九年（民國十八年），在教育部內設「華僑教育設計委員會」‧明訂委員會職務為：

一、擬定改進華僑教育方案。
二、調查華僑教育情形。
三、計畫華僑教育經費。

四、計畫其他關於華僑之教育及文化事業。

一九三一年（民國二十年）十二月制定公佈「僑務委員會組織法」，隸屬行政院。委員長與副委員長位階與部長、次長同級。下設秘書處、僑民管理處、僑民教育三處。在此時期雖然國家財政拮据，日本侵略中國野心已曝露，但政府對海外華僑的扶持與服務，如僑校教師的培養、吸引僑生返國升學措施，對僑教行政的輔導，僑校資金補助等，從未鬆懈，並取得了很好的成績。

一九三七年（民國二十六年）七月七日，日軍挑起「盧溝橋事變」，中國向日本宣戰，艱苦的八年抗戰開始。國民政府一面奮力抗日，但對戰前既定的僑教方針、政策仍積極地推行。為了使眾多海外僑生瞭解中華民族精神和祖國實況，激發其愛國情操，由教育部編輯僑校教科書，印行後免費供應海外僑校採用。一九三九年（民國二十八年）至一九四〇年（民國二十九年），先編小學各科教科書及教師手冊。一九四一年（民國三十年）至一九四二年（民國三十一年）續編中學各科教本。海外僑校除少數教會型僑校外，百分之九十均使用部編教材。

國民政府為培植國內對僑務、僑教有志人才及海外商業、僑校經營管理人才，自一九四一年（民國三十年）起在廈門大學及暨南大學，設置東南亞各國語文學科；如馬來語文，印度語文。在雲南省設東方語文訓練班及東方語文專科學校等。一九四二年（民國三十一年）還設南洋研究所，對南洋各地政治、教育、史地、經濟、僑情等問題進行研究，彙整資料，除作為擬定戰後處理方案，並作為僑校復校，僑民返僑居地復業之政策參考。

一九四一年（民國三十年），太平洋戰爭爆發後，在短短的半年內，日軍席捲整個南亞諸國，很多僑校被迫停辦，越南、緬甸、香港許多僑校紛紛內遷，政府撥專款助其在福建、廣東、廣西、雲南等省分別復課，對在國內升學僑生的補助及受戰禍而回國經濟中斷僑生的救濟，均不遺餘力。對僑校教職員之流亡各地者，均資助旅費，協助返國，或介紹至國立各僑校任教、任職，使得戰時僑校員生的救濟工作，做得極為妥貼。

在八年抗戰期間，全球華僑掀起了如火如荼的援華救亡運動，提供物力、人力與國內人民精誠團結，終至擊敗日本侵略者，贏得最後勝利。據官方資料，自一九三七年（民國二十六年）至一九四三年（民國三十二年），僅從銀行匯到中國的款項就有五十五億美元，其他未經銀行匯款或購贈飛機、戰車、槍砲、汽車、醫藥等更不計其數。據說：泰國僑胞捐出的款項超過國家一年的總預算。緬甸僑胞於一九三七年（民國二十六年）七月七日盧溝橋事變爆發後，即成立緬華婦女救災會，八月五日僑界組成「緬甸華僑救災總會」，由僑團、僑校推選七人為常務理事，在緬屬各地成立分會一九四處。九月二十五日在仰光成立「緬甸華僑紅十字會」，只數日即捐到藥品二百五十餘箱，衣服三百七十二大袋，十月十二日由海利貨輪運送回國捐給政府。十一月又成立「公債勸募委員會」，促銷「國防公債及金公債」，僑胞爭相購買，甚至有變賣產業承購者。一九三八年（民國二十七年）二月十五日，緬甸華僑醫學界組成三十九人的緬甸華僑救援隊，經六個月國語（普通話）演練，戰地特殊情況需知訓練後，於九月十四日搭乘輪船返國為傷患官兵服務。隨行還捐得「緬甸華僑號」救護車一輛。一九三九年（民國二十八年）五月初又成立「緬甸華僑精神總動員委員會」，捐款購得飛機兩架，命名為「緬甸學生號」一號及二號，於民國二十八年雙十國慶日，親自獻給時任軍事委員長的蔣中正先生。日軍偷襲美軍珍珠港，美國對日軍宣戰，第二次世界爆發，日軍南進，緬甸淪入日寇之手，僑胞援華活動停止。一九四二年（民國三十一年）年初，國民政府派遠征軍入緬，三月三日蔣委員長親蒞緬北撣邦臘戍召見僑領李文珍，吳文舉等十餘人，嘉勉緬甸僑胞愛國壯舉。

一九四五年（民國三十四年）八月十五日，日本戰敗無條件投降，一九四六年（民國三十五年）年初聯合國成立，中、美、英、法、蘇五國任安全理事會常任理事國。中國廢除了清末列強在華不平等條約，躍身為「世界強國」，全球僑胞歡欣雷動，自此華僑地位大幅提升。新創辦之僑校如雨後春筍，至一九四九年（民國三十八年），全世界計有僑校五千兩百餘所，其學制、教材均受國府教育部規範，是華僑教育發展的鼎盛時期，亦是第一個黃金時期。雖在一九四九年（民國三十八年）大陸淪陷中共建政，國府遷臺，但華僑不離不棄，支持政府立足臺灣，待局勢穩定後國民政府對華僑教育即逐漸恢復。總結第一階段華僑教育有下列五項成效：

一、華僑教育的開展，有利於中國文化的傳播，也能激發海外華僑的民族自豪感和自信心，促進中華民族的團結和凝聚力。

二、華僑教育，尊重方言，但以國語（普通話）為教學重點，讓廣大華僑認識到，相同的語言與文字可以鼓鑄國民感情。如只有相同的文字、缺少相同的語言、溝通會有障礙，民族力會因之渙散。

三、華僑教育的核心是：「共同的民族語言和民族文化」，可藉以激勵僑胞增強對祖國的歸屬感，使之釋放出極大的愛國熱情，有力地支持了國內的抗戰。

四、華僑教育在祖國扶持下，儘管受到戰爭的影響，物力維艱，但這一時期的華僑教育仍培養出了大批優秀人才，為後來的建設事業中貢獻出自己的智慧，並為增進中外友誼搭建了橋樑。

五、華僑教育的推行，為世界各國不同文化，不同民族之間的和睦相處，彼此尊重提供了寶貴的參考經驗。尤其藉華僑教育發揚中華民族熱愛和平，勤勞節儉的美德，培植適於僑居地的生活能力，增進了與當地民族的情感。

第二階段的華僑教育（一九五六－一九八六），由華僑教育嬗變為華文教育。

自一九五六年（民國四十五年）至一九八六年（民國七十五年）的三十年間，因時空、環境的劇變，「華僑教育嬗變為華文教育」。其原因實始自第二次世界大戰，因戰爭激發了民族主義情緒，戰後改變了世界的政治格局，各殖民地國家紛紛獨立，民族意識高漲，華僑教育被認為是華僑、華人不接受同化的障礙，遂成了新獨立政府打壓的重點，還引發了反華、排華的運動，這樣的大變化，使華僑教育失去了生存的土壤，造成了華僑教育的式微，但也促使「華僑教育」向「華文教育」嬗變的契機。

國民政府播遷臺灣，國民黨經歷了失去大陸政權之痛，但得到海外眾多華僑的支持與鼓舞，再重振旗鼓，大幅調整僑教政策，將原來以國內教育延伸的華僑教育，轉型成華文教育後，仍獨佔華教市場三十年，到一九七九年（民國六十八年），中共實施改革開放政策，兩岸關係改善，迎來了共創雙贏的契機。

一九五二年（民國四十一年），國府任命粵籍學者，深受海外華僑敬重的鄭彥棻先生出任僑務委員會委員長，並召開了「第一屆全球僑務會議」，會中通過了當前「華僑文教工作綱領」，成為日後國府推動華教、僑務的基本政策。鄭委員長並提出：推展僑教、僑務三信念：「無僑教即無僑務，有僑教須有僑師，僑教僑務要生存互助力行創造」。此次僑務會議還決議成立「華僑救國聯合總會」，訂十月二十一日為華僑節，並在全球地區設立分會，協助政府推動僑教、僑務工作。

一九五五年（民國四十四年）九月一日僑委會又在臺北召開了「全球華僑文教會議」，落實了「發展華僑學校教育，發展華僑社會教育，發展僑報業務，鼓勵僑生回臺升學」四大方案。美國並承諾每一個僑生回臺升學每年有美金五百元的援助，這筆援助款對臺灣教育的發展助益甚大，至一九六五年（民國五十四年）美援停止，僑生援助才隨之停止。其間，僑務委員會並修訂了政府在遷臺前，有關僑教之三種重要法規：「僑民中小學規程、僑民學校立案規程、僑民學校董事會組織規程」。同時，外交部也修訂了「駐外使領館辦理僑民教育行政規則」。

鄭委員長任職七年，成功地運用政府力量聯結海外華僑力量，全面性發展僑教、僑務，立下規矩與典範，奠下日後國府僑教、僑務發展之基礎，因此享有「僑教之父」美譽。

繼任的高信先生也是粵籍，任僑務委員長十年，力求以教育提升僑民於僑居地之經濟力與競爭力。尤其特別重視華僑職業教育與訓練，創辦了海外青年技術訓練班。也同時注重培養僑社高級領導及技術人才，並具體實踐了僑教因地制宜，根植海外，發展中華文化之理念。

繼高信先生出任僑務委員長之毛松年先生亦粵籍，適逢一九七一年（民國六十年）中華民國退出聯合國，由中共取代聯合國常任理事國席位，許多國家與國府斷交，使外交工作進入困頓期。所幸毛委員長因曾任臺灣銀行總經理十年，具金融業背景，轉任僑委會後，以臺灣發展經濟成功的經驗扶持華僑發展經濟，鼓勵華僑來臺投資，幫助臺商向海外拓展工商貿易，並得僑聯總會協助，每年十月歡迎僑胞回臺參加雙十國慶、華僑節、臺灣光復節、蔣中正誕辰，藉機參觀臺灣經濟、文化、軍事、教育、社會等各項建設。僑胞回國參訪人數由早期的萬餘人，增加到十幾萬人。成功的藉發展經濟結合華僑力量，支撐了外交的不足，使國家十大建設順利推動，促使經濟穩定成長，成了四小龍之首。

曾廣順委員長任內籌設「海外華僑文教服務中心」，對華僑文教甚具貢獻，泰國亦設有泰華文教服務中心，甚獲當地僑界好評。

一九七三年（民國六十二年），毛委員長又邀集了國內外百餘位熱心華文教育人士，組成「世界華文教育協進會」，自此該會以民間華語文學術團體之名，受教育部與僑委委託或輔導，舉辦「華語文教學研討會」、「僑民教育學術研討會」，開辦「華語文師資研習班」。編輯「海外華語文教材」，研發「華語文能力測驗」，辦理「華裔青少年回臺觀摩研習團」，發行「華文世界、華語文教學與研究」兩期刊。

世華會在國府退出聯合國，外交遭到挫折之期，協助政府推動僑務、華教功不可沒。尤其近年世華會與中共北京華文學院、國家漢辦、孔子學院總部、暨南大學、華僑大學交流頻繁，促進兩岸僑務、華教的發展成績卓著。以世界華語文教學研討會為例，至二〇一七年（民國一〇六年）已召開了十二屆，其間在臺北、北京、美國、德國、新加坡、香港等地分別舉辦。二〇一四年（民國一〇三年）八月二十三－二十六日在北京舉辦「第四屆兩岸華文教師論壇」，筆者也參加了盛會。

一九七六年（民國六十五年），中共結束文化大革命，一九七九年（民國六十八年），實施改革開放政策，決定將經濟建設作為國家戰略核心任務，為獲得發展所需資源，海外華僑受到中共的重視。一九八〇年代，西方國家對中共之改革開放仍在觀望階段，但臺商與海外僑商已捷足先登到大陸投資設廠，為大陸的經濟發展出力獻智。一九八七年（民國七十六年）七月十五日蔣經國總統宣佈解除在臺灣已實施三十八年的戒嚴令，同時開放大陸來臺老兵可前往大陸探親。到九〇年代中共的經濟明顯有了起色，國力隨之崛起，有更多能力拓展海外華文教育。而在臺灣的國民政府也因經濟起飛，提升了國家競爭力，乃運用民間科技優勢，積極將華文教育朝向全球化、數位化發展。

一九九〇年（民國七十九年）四月僑委會在臺北召開了僑政史上規模最大的「第二屆全球僑務會議」。以「邁向九〇年代的僑政新里程」為主題，通過了三大中心議題：

一、華僑社會組織的發展與方針。

二、華僑文教的處境與推廣。

三、華僑經濟事業的拓展。

大會並決議、籌設「海華文教基金會」，以擴大支援海外華僑辦理文教工作。至二十世紀最後的十年，國民政府對海外華文教育具體的有下列十項：

一、一九九八年（民國八十七年）十二月，僑務委員會建置的全球華文網路教育中心，教學網站正式啟用，藉由多媒體、多語系網頁主題，提供僑民多元迅速的學習管道與教學資源。

二、一九九九年（民國八十八年），世華會受教育部委託舉辦「第一屆僑民教育學術研討會」，大會迄二〇〇四年（民國九十三年）已連續辦了六屆。

三、一九九九年（民國八十八年）五月，僑委會舉辦了第一屆全球華文網路教育研討會，結合了學術單位及產業界的力量，以「整合資訊科技推動華文網路教育」，會議每兩年定期舉辦一次，迄二〇一七年（民國一〇六年）已成功地舉辦了十屆。

四、一九九九年（民國八十八年）年始，僑委會為充實「全球網路教育中心」之內涵，編製了中華文化天地、華語教室、親子園地、僑教雙週刊、學術論壇等五大類華文網路題材，及繞著臺灣玩等六項光碟題材。還辦理海華獎及金學獎，優良光碟軟體甄選活動，並選購、拷製得獎光碟分贈世界各地華語文教育資訊中心，及海外重點僑教團體參用。

五、鼓勵國內外專業人士，自編適合當地需求的華文教材，以滿足教師在教學上或學生在學習上，均能符合當地國情文化和程度的華文教材。

六、據統計，僑委會自一九七一年（民國六十年）年始對海外僑校或中文班，補助開辦經費與供應教材等情形如下：一九七一年（民國六十年）計四千三百六十所。（一九七五－一九九三年）維持在三千八百所，一九九四年－一九九六年縮減至三千六百所。一九九七年（民國八十六年）因港、澳先後回歸中國，不列補助項，減至二千五百九十七所。一九九九年（民國八十八年）為二千九百四十五所。

七、進入二十一世紀後，因中共經濟崛起，許多僑校或華文班開始接受中共補助，相對地接受臺灣補助者減少，但截至二〇一四年（民國一〇三年）仍以接受臺灣補助者為多。

八、僑委會自一九八九年（民國七十八年）年始辦理「海外巡迴文化教師」活動，選派學者專家赴海外各國巡迴教學，教學內容包括：民族舞蹈、民俗藝術、書法與國畫、民俗體育、中國功夫及舞獅舞龍等傳統文化課程，以宣揚中華文化、增進海外華僑對傳統民俗技藝之認識。

九、僑委會開辦「華裔青年回國團體」，含海外華裔青年回國觀摩團，海外華裔青年暑假返國研習團，海外華裔青年夏（冬）令營及華裔青年語文研習班等。

十、國府為推動臺商投資東南亞國家，制訂了「南向政策」。協助臺商於當地設置臺北學校，解決臺商子女就學問題。自一九九二年（民國八十一年）年始至一九九七年（民國八十六年），在馬來西亞、印尼、泰國、越南等國家先後鼓勵當地臺商捐資，駐外單位及僑委會協助下創辦了六所海外臺北學校，校長及教師均由教育部選派，教材由僑委會贈送。二〇〇五年（民國九十四年）「海外臺北學校」更名「海外臺灣學校」。

二〇〇一年（民國九十年）五月，僑委會又召開「第三屆全球僑務會議」。以「開創二十一世紀僑務新氣象」為主題，結合海內外力量，以自由民主建構國家安全新機制為中心議題，進行研討，並提出三大願景：

一、配合科技與時俱進。

二、鼓勵僑胞融入僑居地主流社會。

三、促進僑社祥和團結。

其具體實施項目有十項：

一、訂頒「僑民學校聯繫補助要點」，廢止了以往將華僑學校視為國內教育延伸之「僑民學校規程」，取而代之的是鼓勵僑校自主，依當地國法令籌款自辦之，「僑民學校聯繫補助要點」，不再受國內相關教育法規限制。

二、因美國大學理事會為迎合全球學習華語文熱潮，於二〇〇三年（民國九十二年）六月宣佈啟動AP華文計畫，自二〇〇六年（民國九十五年）年始在美國各高中開設華語文課程，二〇〇七年（民國九十六年）年始舉行AP華語文考試，使華語文教學納入美國國民教育及高等教育體系，國府僑委會與教育部輔導在美國十一個地區成立「僑教及AP華語文因應工作小組」，以期促成僑校轉型與主流教育體系接軌，融僑教於僑居國主流教育之中。

三、推動「通用拼音」政策，於二〇〇二年（民國九十一年），行政院核備採用「通用拼音」系統得與傳統之「注音符號」併用。近年又通過與中共之「漢語拼音」三者並用。

四、國府為因應僑校華語文師資短缺問題，僑委會修正發佈了「僑務委員會補助僑民學校自聘教師經費要點」，鼓勵各僑校依實際需求自聘教師，由僑委會酌予經費補助，以利僑教工作。並發佈了「海外教師獎勵要點」及二〇一三年（民國一〇二年），公佈了「海外優良僑校教師師鐸獎」頒給辦法，次年實施。

五、二〇〇七年（民國九十六年）年始，教育部與僑委會又根據「僑務委員會替代役教育服務役役男服勤管理要點」，派替代役役男至菲律賓、泰國等支援華文教學工作。

六、華文網站，結合華語文數位學習中心與網路學校，以持續創新、資訊分享、社群互動及群體智慧之概念建構而成。

七、建置中華函授學校遠距學習網，二〇〇七年（民國九十六年）年始與國立空中大學合作，應用網際網路為媒介，透過電子校務服務機制及線上同步互動教學技術，將函校所提供之十一類學科，七十四種課程，編輯完成七〇種課程之全文網路教材及三門數位有聲專題講座，以供海外學習者使用。

八、二〇〇二年（民國九十一年）起，僑委會逐年分批將以往出版的平面華文教材數位化。二〇〇八年（民國九十七年）已完成八十四冊數位化教材，並提供標音選項（注音、通用或漢語拼音）方便海外華文教師及學習者依個人需求選用。

九、其他如開發網路AP華文教材，研發「華語文能力測驗」，簡稱TOCFL，以提供華語文能力檢定，分基礎、進階、流利等級。自二〇〇三年（民國九十二年）十二月正式對外開放考試，迄二〇一四年（民國一〇三年）考場已遍佈海外各地，為全球華語文學習者提供了一套具公信力的國際級語言能力測驗。凡考試合格者由中華民國教育部頒發國家中、英文證書。

十、二〇〇八年（民國九十七年）馬英九執政後，提出「正視現實、開創未來，擱置爭議、追求雙贏」十六字箴言，二〇〇九年（民國九十八年）雙十國慶賀詞中又提出「凝聚僑界共識，開創國家新局」的兩大願景及「廣交朋友、溝通服務、團結和諧、對等尊嚴」四大施政理念，作為海外僑民的自許與承諾。之後，得到了中國大陸政府國家領導人胡錦濤先生及現任領導人習近平先生之善意回應，使兩岸關係由和緩步入了頻繁互動的八年。

二〇〇八年（民國九十七年）十一月，僑委會再召開了「第四屆全球僑務會議」，以全僑結合作永續推展僑務工作為中心議題，並針對主題提出三大議：

一、結合僑界資源共創僑務永續新局。

二、迎向E化時代全球佈局優質僑教。

三、匯集僑商力量推展國家經濟建設。

會議經充分討論獲得七項具體結論，其工作項目如下：

一、僑委會首次跨國與美國科技中文教學協會，合作舉辦了第七屆全球華文網路教育研討會，強化了僑教與主流教育之接軌。

二、鞏固了正體字海外市場，華文教學以正體字為原則，但兼採簡化字對照方式，以達繁簡兼識目的。

三、建置「實體臺灣書院」與「數位臺灣書院」。

四、二〇〇八年至二〇一四年，每年辦理海外僑校教師回國研習班，海外僑校行政管理研習會。

五、開辦了「海外民俗文化種子教師培訓班」。

六、持續辦理海外青年回臺參訪團的活動。

七、強化了「中華函授學校遠距學習網」及「全球華文網」之具體經營成果，發展了「線上同步教學平臺」與「雲端教學」。

中華國民政府遷臺已七十年，兩岸政府與民間從互以敵對競爭方式，爭奪海外華教之主導權，轉變為各盡其力以弘揚中華文化為目標。尤其國民政府一向秉持「原則不變，順應大局，與時並進」之彈性策略，務實推展僑務華教工作，因此能在逆境中發展出成熟且綿密之華教網絡，同時，也能掌握僑界自由、開放之主流價值。期間外交雖遭逢了退出聯合國之困頓期，內政上又歷經了政黨輪替，僑教內涵本土化、去中國化之震撼期，然而在關鍵施政上仍能保持了一貫性與延續性。政府始終視「僑務為外交的第二軌道，沒有僑教就沒有僑務的信念」，充分顯示了政府愛僑、護僑，扶植僑胞融入主流社會，頭角崢嶸之方向始終不變。並把握著「華文教育學術化、現代化、國際化、科技化」的目標為時勢所趨。處此中華民族崛起之大好機遇，華文漢語全球熱的黃金時代，期許每一炎黃子孫都應有所體悟，各盡自己棉薄之力為二十一世紀中華文化綻放異彩貢獻心力。

①
②
③

①民國52年6月泰國九世皇蒲美蓬伉儷訪臺，蔣中正總統熱情接待。
②中華民國長官訪視泰北華校，師生列隊熱烈歡迎。
③中華民國駐泰國代表烏元彥訪視泰北與僑領合影。

第三節 中共政府的華僑教育

中共以信奉馬列唯物共產主義為圭臬，與中華傳統文化有本質上的差異，與傳統受儒家思想薰陶的華僑淵源不深，在其建黨建國過程中得海外華僑華人之力量不多。當一九四九年（民國三十八年）建政後，目睹了粵、閩兩省的各項進步，始將華僑列為統戰對象。「統戰」即「統一戰線」，本質是結合社會力量取得革命的勝利，是中共擊敗敵人取得勝利的「三大法寶」之一。因各個時期的政治任務需要，中共活用不同形式的統一戰線策略，如抗日戰爭期間為擴大組織，建立了最廣泛的抗日統一戰線，以二分抗日一分應付七分壯大為目標，至抗戰勝利，即有能力與國民黨對抗，終於取得勝利。一九四九年（民國三十八年）中共建政後一面嚴厲鎮壓國內反革命份子，但把海外華僑納入黨的統一戰線，於一九五二年（民國四十一年）一月發佈指示：對海外華僑要以工人、知識份子和小資產階級為基礎，爭取資產階級來結成華僑愛國統一戰線，孤立、打擊、削弱、瓦解華僑中少數反動勢力，以階級鬥爭分清敵我。於是東南亞新獨立的國家，華僑被分成了「左」、「右」兩派，展開了意識型態之爭。僑團、僑校也分成了左派親中共，右派親已播遷臺灣的中華民國之分裂情形。

中共為利用海外年輕僑子的愛國熱情，鼓勵華僑青年回國參與新中國建設，一九四九年（民國三十八年）年底，剛建政不久即發出「不使華僑學生失學」的指示，並依據「集中接待，分散入學」的處理方針，在北京及廣州集中接待僑生，然後分散至華北、華中、華東、華南三十多個大中城市的各級各類學校入學就讀。一九五一年（民國四十年）七月，教育部下設「中僑委」專掌僑教政策，並開放僑生得進入高等學校學習，此後東南亞回國升學僑生增多。一九五三年（民國四十二年）中共又在北京、廈門、廣州、汕頭、南寧、昆明、武漢等地建立了靈活多樣的補習學校。並於一九五七年（民國四十六年）復辦廣州暨南大學，一九六〇年在福建泉州市創辦華僑大學。但因一九五〇年代（民國三十九年）中共在國內掀起了一連串的政治運動，也在海外支持極左派華僑革命，藉以輸出「赤色革命」，導致許多新興國家政府認為華僑、華人是其塑造國家認同與國民團結的障礙，僑社及僑校是共產特務藏身與培訓的溫床，必須限制其發展，甚至要取締，實施排華政策是為了民族團結與政治認同的重要措施，泰國之箝制中文教育就是例證。中共於一九五五年（民國四十四年）公佈「單一國籍」政令，及「漢字簡化」方案，均對海外華僑造成巨大的影響。一九五七年（民國四十六年）年後，中共對歸國僑生的入學照顧政策也逐年收縮，到文革開始即全面停止。

一九六六年（民國五十五年）八月，中共利用無知的青少年組成紅衛兵，發動了史無前例的「文化大革命」。此後僑務工作被以「人民戰爭」路線所取代，海外華僑被認為是資產階級，歸國僑生被視為曾受資本主義毒素薰染的「毒草」，遭到了下放、整肅、勞改，甚至鎮壓的命運。在十年文革中僑生受到空前的迫害，僅有極少數能以難民身分逃回海外僑居國。泰國僑生在經歷艱險逃回僑居地後，以萬分傷感嘆謂「無可奈何花落去，似曾相識燕歸來」的心情，在僑居地找尋昔日還留有自己胎氣的家園。對照與此同時回到臺灣升學的僑生，就很幸運順利完成了學業，回到僑居地發展事業，成了日後華僑社會的中堅。

文化大革命中的紅衛兵在國內造成了極大的破壞，還輸出到海外如緬甸、泰國、柬埔寨，都有華裔青少年組成的紅衛兵，引發了當地政府及社會的反感，破壞了中共與有關國家的邦誼，損害了國家的形象，更造成排華的浪潮。中共為消弭東南亞國家對大陸中共政府的懼怕，紓解所面臨的外交壓力，一九六九年（民國五十八年）撤消了「中僑委」，放棄了一貫的「華僑統一戰線」，並嚴令極左派華僑不得再鼓勵紅衛兵鬧事。

一九七六年（民國六十五年）文化大革命結束，鄧小平復出，一九七八年（民國六十七年）一月中共國務院成立「僑務辦公室」，簡稱「僑辦」，一九七九年（民國六十八年）實施改革開放政策，決定將經濟建設作為國家戰略核心任務，「四化建設」開始啟動，需要大量資金與技術，海外華僑的力量正可利用。鄧小平說「現在搞建設，門路要多一點，華僑華裔也可以回來辦工廠」。胡耀邦也說：「海外三千萬華僑、華人的力量，搞得好可以變成促進四化建設，實行國家統一，擴大海外影響，爭取國際友人的重要力量」。中共為落實兩位國家領導人的談話，大幅修正了以往僑務政策的偏失，提出了多項華僑回國投資優惠政策。進入二十世紀最後的十年，國際間發生了巨大的變化，首先是東歐劇變，接著蘇聯解體，資本主義與共產主義兩極對抗漸趨緩和，東西方意識形態的對立終結，每個國家都忙著致力於國內的經濟建設，以發展經濟為首要任務，中共順勢擺脫了思想的桎梏，對海外華僑「引資引智」，從此開啟了嶄新的僑務僑教新里程。

近十餘年來，中共綜合國力不斷提升，在全球化及國際交往中，感受到世界各國政府為了發展，無不爭取僑民支持，並視之為國家重要資源或資產。中華民族在海外有五、六千萬華僑華人，這是一股巨大的力量。鑒此，二〇〇四年（民國九十三年）三月七日，中共總書記國家領導人胡錦濤在全國政協十屆二次會議上指出：「大力發展海外華文教育，是海外僑胞傳承中華文化，保證民族特性的重要保證，是凝聚僑心，促進海外華僑華人社會發展的內在動力，發展海外華文教育是我們義不容辭的責任。所以，無論是從我們民族優秀傳統文化的傳承角度考慮，還是從我們骨肉同胞的親情考慮，我們都應在海外華文教育問題上給予幫助，給予支持」。二〇〇五年（民國九十四年）中共召開「全國僑務工作會議」時，胡總書記對僑務工作再提出三個「大有作為」的論斷；「一在凝聚僑心，發揮僑力，為實現全面建設小康社會的目標作出貢獻，僑務工作大有作為。二在反對和遏制臺獨，推動和平統一進程方面，僑務工作大有作為。三在開展民間外交，弘揚中華文化，與世界各國人民友好往來方面，僑務工作大有作為」。二〇一〇年（民國九十九年）七月二十五日，時任國家副主席習近平出席「中國尋根之旅夏令營」，於開營儀式上指出：「團結統一的中華民族是海內外中華兒女共同的「根」；博大精深的中華文化是海內外中華兒女共同的「魂」；實現中華民族偉大復興是海內外中華兒女共同的「夢」。海外華文教育是廣育中華民族之根的留根工程，是塑造中華民族之魂的鑄魂工程，更是實現中華民族復興之夢的圓夢之工程」。

由中共現在兩代國家領導人的話中，可以看出中共對華僑華人及海外華文教育的重視，事實上已崛起的中共必然走向世界，隨著國家利益向外延伸，與海外華僑華人互動頻繁，也是極正常的現象，而海外華僑華人對大陸事務的參與，亦極大程度展示其力量和能量。

總結中共近年對海外華僑華人的僑務僑教工作重點有下列五項：

一、結合國家戰略需要，擴大工作對象：除僑界領袖外，其他華人科技和專業人士，參政人士，華裔新生代，少數民族等，有邀請參加「政協」會議，或「僑聯」成員，有邀請擔任國務院「僑辦」海外顧問或「孔子學院」海外理事。尤其在吸引華裔新生代赴大陸升學、就業、尋根，開展海外華文教育和中華文化活動，使海外青年加深對中華文化的瞭解，增進對大陸經濟社會發展的良好印象，作為對外外交的重要補充。

二、透過僑界領袖深入涉僑活動，廣泛涵蓋領域：目前中共在華文教育、華文媒體、華人社團、華人專業人士和科技人士、參政人士及華裔青少年等各個領域，中共僑務部門與涉僑機構更有計畫，綿密細緻、深入擴大地展開工作。截至二〇一四年（民國一〇三年）僑辦曾連續舉辦「海外華僑華人社團中青年負責人研習班」，藉由社團培養接班人，希望未來成為住在國和祖籍國之間的友好橋樑；提出尊重住在國的法律風俗，融入主流社會，成為海外社團的骨幹力量，也邀請有影響力的海外老僑赴大陸觀光、尋根，以示敬意和慰問。

三、積極招商引資引智，促進地方經濟發展：自二十世紀末年，中共飭令各省積極舉辦對海外僑商招商引資大會，開出多項投資優惠條件，以促進地方經濟發展。自中央到地方，以各種投資對象引資引智活動全面展開，名目繁多的經貿合作洽談會、展覽會、交流會，說明涉僑經濟的重要性，以促進省市地方的各項經濟建設。

四、重視僑務外交，展示中華文化的博大精深：二〇一一年中共「國家僑務工作綱要（二〇一一－二〇一五）」，明確將僑務工作提到議事日程，即在「十二五」時期要「以僑為橋，溝通中國與世界」，鼓勵海外華僑以多種方式向住在國政府及主流社會介紹大陸基本國情，發展道路和內政外交政策，並向世界傳播展示博大精深的中華文化。

五、慎用、善用僑情，涵養僑務資源：由於海外華僑華人多已融入住地國家，取得公民身分，成了外籍華人，出於政治敏感考量，統一戰線思路及表述已不適用於當今的工作發展。僑務「十二五」規劃表示要涵養僑務資源，即是著眼工作可持續發展，而前提為三個「有利於」原則；分別指僑務政策要有利於僑胞生存發展，有利於發展中國大陸和僑胞住在國關係，有利於推動中國大陸現代化建設事業，抱定共創雙贏的大局。

中共不斷深化海外華僑華人的服務工作，世界各地的孔子學院及孔子課堂亦對華文漢語的積極傳播，起到了讓知識分子了解中華文化的本質是互利共榮，濟弱助強。中國的崛起可提高海外華僑華人的社經地位，進而影響居住國的人民，共享中華文化的和平、中道、互信的成果。

①泰北陳茂修將軍率泰北華校校長，陪同中華民國駐泰國代表處長官訪視泰北文教中心，為臺灣善心人士捐贈木雕孔子聖像揭幕後合影。

②2006年泰北皇太后大學舉辦首屆華語演講、華文寫作比賽，優勝學生合影。

③泰北清萊府皇太后大學校園，豎立著「百年樹人」石敢當。

附論　中共設孔子學院推展華文教育

中共在海外廣設孔子學院，源自二〇〇二年（民國九十一年），醞釀要在海外設立語言推廣機構「漢語橋工程」。中共（國家漢辦）主任許琳表示：在海外辦漢語中心，必須有一個能代表中國形象的名字，如德國「歌德學院」、西班牙「塞萬提斯學院」等，孔子是和釋迦牟尼同時代的世界文化巨人，平民教育的先驅，是全世界都知道的中國人，在海外辦漢語推廣，應以孔子為名。二〇〇四年（民國九十三年）三月擔任「國家漢語國際推廣領導小組」主任委員的國務委員陳至立先生，贊成許琳主任的看法，決定將設在海外的語言推廣機構正式定名為「孔子學院」。並擬定了《孔子學院組織章程》，將孔子學院定位為：「開展漢語教學和華文教育、文化、經濟等方面的交流合作的非營利性教育法人機構」。

孔子學院總部設在北京，境外的孔子學院則為其分支機構，採用三種方式設立，且具一項特質：

一、總部直接投資。

二、總部與申辦方合作。

三、總部授權特許經營。

孔子學院的特質為：官方主導、交流。具多樣化、多層次、多功能化。兼具有窗口、和「橋」的作用。

經過半年多的積極籌劃與推動，二〇〇四年（民國九十三年）十一月二十一日第一所「孔子學院」在韓國首都首爾成立。二〇〇五年（民國九十四年）二月，瑞典斯德哥爾摩大學孔子學院是歐洲第一所，全球第二所。二〇〇六年（民國九十五年）設立的馬里蘭大學孔子學院是美國第一所。泰國的孔子學院及孔子課堂設立簡介如下：

二〇〇六年（民國九十五年）泰國教育部與中國國家漢辦簽訂了「漢語教學協議書」，八月泰國第一所孔子學院在「孔敬大學」誕生，隨著第一所孔子學院的建立，泰國政府兩年內在各地的大學創建了十四所孔子學院，各地區的中學建立了十所孔子課堂，數量是亞洲第一，建立的速度名列世界冠軍。

一、泰國的孔子學院都依托在當地大學，採取與中國各大學合作方式：

1、朱拉隆功大學孔子學院（曼谷），合作對象——北京大學。

2、農業大學孔子學院（曼谷），合作對象——華僑大學。

3、皇太后大學孔子學院（清萊），合作對象——廈門大學。

4、孔敬大學孔子學院（孔敬），合作對象——西南大學。

5、清邁大學孔子學院（清邁），合作對象——雲南師範大學。

6、宋卡王子大學孔子學院（宋卡），合作對象——廣西師範大學。

7、瑪哈沙拉堪大學孔子學院（瑪哈沙拉堪），合作對象——廣西民族大學。

8、曼松德昭帕亞皇家師範大學孔子學院（曼谷）合作對象——天津師範大學。

9、川登喜皇家大學素攀孔子學院（素攀），合作對象——廣西大學。

10、宋卡王子大學普吉孔子學院（普吉），合作對象——上海大學。

11、蕪洞市孔子學院（蕪洞），合作對象——重慶大學。

12、東方大學孔子學院（呑武里），合作對象——溫州大學、溫州醫學院。

13、易三倉大學孔子學院（曼谷），合作對象——天津科技大學。

14、海上絲路大學孔子學院（曼谷），合作對象——天津師範大學。

二、孔子課堂則依托在一般中學，採取與中學合作方式。

1、合艾國光中學孔子課堂（合艾），合作對象——合艾國光中學。

2、吉拉達學校孔子課堂（曼谷），合作對象——吉拉達學校。

3、羅勇中學孔子課堂（羅勇），合作對象——羅勇中學。

4、玫瑰園中學孔子課堂（曼谷），合作對象——玫瑰園中學。

5、明滿學校孔子課堂（呑武里），合作對象——明滿學校。

6、南邦嘎拉尼亞學校孔子課堂（南邦），合作對象——南邦嘎拉尼亞學校。

7、暖武里河王中學孔子課堂（暖武里），合作對象——暖武里河王中學。

8、彭世洛醒民公立學校孔子課堂（彭世洛），合作對象——醒民公立學校。

9、普吉中學孔子課堂（普吉），合作對象——普吉中學、華僑大學華文學院

10、易三倉商業學院孔子課堂（曼谷），合作對象——易三倉商業學院。

泰國的孔子學院與孔子課堂，一則對推進華僑華文漢語教育的發展，發揮著重要的作用，再則還為泰國華文教育的發展彌補了師資不足問題；中國國家漢辦通過遴選大學教授赴泰國孔子學院擔任教師，以對外漢語專業的畢業生赴泰國孔子課堂擔任漢語教師。這兩股師資力量，除了教學還幫助泰國公私立學校培訓華文師資，以提高泰國本土華文教師的專業能力與教學技術。

最後她以孔子學院是中外雙方真誠合作的結晶，是中外人文交流史上的一大創舉，讓我們攜起手來，用我們的熱忱和執著，把孔子學院辦得更好，為促進中外人文交流，推動人類社會的繁榮發展和文明進步作出更大的貢獻，勉勵來自一百二十多個國家四百多所孔子學院所在地的大學校長，孔子學院院長，以及中方承辦高校代表等二千二百餘人。此次大會還評選出二十

八所先進孔子學院，三十名孔子學院先進個人，五個先進孔子課堂和十所先進中方合作院校。會議期間還舉辦了「優秀辦學案例論壇」和「校長論壇」。還請來了諾貝爾文學獎獲得者莫言先生，為與會嘉賓獻上了講題為《我想像中的孔夫子》的精彩演講，他說：孔子主張「己所不欲勿施於人」，應在此基礎上，在當下這個時候，還要「己之所欲也不要強加於人」與大家共勉。

結語

海外華文教育市場，在二十世紀，無論是教材、教法、教學內容、教師等，均是以國民政府為主導。就算一九四九年（民國三十八年）後國府已播遷到臺灣，還是佔有優勢，其主因是在臺灣的國民政府對保存中華文化與發揚中華文化卓有貢獻，且都是大家所公認的。然而到二十世紀八〇年代後，中共實行了改革開放政策，經濟迅速發展，國力不斷增強，以經濟的力量支撐了文化的發展。待進入二十一世紀後，大陸移民海外日多，海外才逐漸有了教簡化字和漢語拼音的華文學校。二〇〇四年（民國九十三年）孔子學院及孔子課堂的成立，在國家的全力主導下，藉著華文教育推展國際文化交流，爭取認同越來越積極，成效也越來越大。

第二章　泰國簡介

第一節　自然景觀與經濟

泰國地理位置在中國和印度間的中南半島之心臟地帶。面積五十一點四平方公里，與法國國土相若。西北與緬甸為鄰，東北接寮國，東連柬埔寨，南部與馬來西亞接壤。泰國疆域平面形狀像一隻大象的頭，東西界較寬最大距離約七百八十公里，北部為「象冠」東北部代表「象耳」、暹羅灣代表「象口」、南方的狹長地帶稱「克拉地峽」僅十點六公里代表「象鼻」，從北到南約一千六百四十八公里。泰國境內大部分為低緩的山地和高原，地勢北高南低，全國最高峰為「因他暖山」，海拔二千五百六十五公尺，在泰北清邁府。全國主要山脈均是喜瑪拉雅山脈的延伸，以他念他翁山脈為主，包括達嫩山、比勞山、坤丹山、棟帕耶費山、甘烹山、拷可考牙山等由北向南走向。主要島嶼有：普吉島、蘇木伊島、潘甘島、強島等。

全國主要河流有：湄公河（在泰國境內稱湄南河）是泰、寮兩國的天然界河，發源於中國，在泰國境內的主要支流是蒙河。昭披耶河（湄南河）源於北部山地，縱貫南北，流經國境中部，全長一千兩百公里，流域面積為十五萬平方公里，南流注入暹羅灣，是中部農業區的重要灌溉水源和航運幹線，其主要支流有難河、永河、賓河等。

從地域上劃分，泰國共有四個主要區域：

一、北部山區叢林，林中日常工作仍然靠大象操作。而冬季氣候清涼，可種植梅子、桃子、茶葉，盛產柚木。

二、東北部屬湄公河流域，是山巒起伏的高原地帶，亦為五千六百年前上古銅器時代文化薈萃的區域，沿岸平地擁有無數大小不一的優美海灘，成為發展夏日旅遊業的據點。

三、中部為著名的湄南河沖積平原，土地肥沃，盛產大米和水果，是主要的稻米產區。山脈和河谷縱橫交錯，是發展水力發電的理想地。這裡是泰國的心臟地帶，也是人口最密集的地區。

四、南部半島是狹長的丘陵地帶，蘊藏豐富天然資源，如錫礦、橡膠園、漁產和各種水果樹等。

泰國氣候大部分地區屬於「熱帶季風氣候」，一年分三季，分別是熱季：二月中旬至五月中旬，以四月最熱，氣溫常超過40℃。雨季：五月中旬至十月中旬，午後常出現急劇短陣雨，道路會有淹水情形，但人民不視洪水為災禍，還稱大水「浸稻穗頂」。涼季：十月中旬至次年二月中旬，天氣涼爽，早晚溫差大，雨量減少，會出現一兩月無雨情形，北部山地氣溫會到

10℃以下。全年溫差在19℃~38℃之間，平均溫度約28℃。濕度在82.8%到66%之間，平均年降雨量約一千毫米。以首都曼谷為例，四月最炎熱時氣溫可高達37℃。

泰國經濟一般認為是屬於「新興市場」及「新興工業化國家」，在東南亞國家是僅次於印尼的第二大經濟體。依照人均國內生產總值，排名在新加坡、汶萊、馬來西亞之後。以旅遊業、輕工業、農業、寶石出口業，為國家經濟的四大支柱。旅遊業是泰國主要經濟收入來源，來自世界各國的遊客可以在境內不同的地區享受多元的旅遊形式。首都曼谷是非常現代化的大都市，南部的暹羅灣、普吉島的天然海灘是渡假天堂。北部山地氣候宜人，地形、植物、少數民族多樣，適合尋幽訪勝。農業以稻米每年對外輸出三百萬噸，是世界第二大稻米輸出國。樹薯粉為世界第一大輸出國。橡膠產量世界排名第二。柚木、甘蔗、菸草、玉米、咖啡、棉花產量也豐。除此之外，特產還有燕窩、蛇藥、皮件、泰絲、虎骨等不勝枚舉。紅藍寶石、錫製品產量居世界第五位。

工業方面，則以輕工業為主，華人在經濟上扮演著相當重要的角色。因泰國工資便宜，有許多的臺商、陸商赴泰國投資。在民生經濟方面，平均每十四個人擁有一支電話，每四個人有一臺電視。在一九八五－一九九五年這十年間泰國經濟發展是世界上最快的。但資源與發展傾向於大都市集中，因此貧富間的差距拉大，在大都市到處可見高樓大廈，Benz、BMW名車四處跑，但偏遠地區以牲畜為代步工具仍很普遍。再者，泰國在一九三二年（民國二十一年）君主立憲政變頻繁，也影響經濟發展。

一九九七年（民國八十六年）中，泰國貨幣遭由「索羅斯」領頭之國際匯市抄家重擊，幣值大幅下跌，貶值幅度高達百分之百，引發了「亞洲經濟危機」，在整個亞洲陷入石油危機以來的最嚴重的金融風暴中，除觀光業與少數外銷產業外，全國經濟頓時陷入困境。後經「國際貨幣基金會（IMF）」的大力援助，加上貨幣貶值帶來的出口效益與觀光收益，後以亞洲整體經濟的復甦，以出口及旅遊業為主要動力，經濟狀況才逐漸好轉。旅遊業是一種無煙囪服務業，只要政策適宜，有其他產業支撐，要發展不難，泰國人民善良純樸，熱誠好客，贏得了「微笑國度」之稱譽，更幸泰國颱風、地震等天然災害甚少，旅遊資源豐富，被世界評比為最佳旅遊國家，為泰國經濟撐起了一片天。

第二節　泰國簡史與政體

泰國，全稱泰王國（Kingdom of Thailand〉，原國名稱「暹邏，英文Siam」，一九四九年（民國三十八年）五月十一日泰國人用自己民族的名稱，改「暹邏」為「泰王國」，主要取其「自由領土」之意，因「自由」泰語讀音為「泰」其實泰王國是「國王」、「領土」、「自由」三者的合稱，且是泰國主要民族的名稱，簡稱泰國。泰國人口六千八百四十一萬，是一個多民族的國家，泰國政府資料：泰族佔總人口的70％、華族16％、馬來族4％、其他緬族、高棉族、苗族、瑤族、桂族、汶族、克倫族、賽芒族、沙蓋族、孟族、京族、巴通族、嘎良族、拉祜族、撣族等約佔10％。

現在泰國全國共有九個行政區，包括七十五個府「Changwat」與直轄市首都曼谷。這七十六個一級行政區劃分為五個主要地區，分為北部、東北部、東部、中部、南部，每個府都是以其首府「Mueang」為該府的命名。在府以下的次級行政區稱為縣或郡「Amphoe」與次區「King Amphoe」，根據二〇〇〇年的統計，全國共有七百九十五個區與八十一個次區。但首都曼谷的次級行政區與各府的次級行政區在命名上有別，稱為「喀達Khet」計五十個。

回溯暹羅歷史，幾千年前的原住民並不是泰族，考古學家在泰國的東北部曼清地方發現許多古老的遺跡，證明該地區的文化大約起源於五千年前的青銅文化期。史前正確的資料至今仍然不明，因泰國的風俗和殘存的文化一直在變動，而且沒有文字記載。據史料顯示，傣族發源於中國南部，於公元第十一與十二世紀才移居到目前的泰國建立國家，但仍受到外族的侵略，毀壞了不少早期文物。

傣族最早住在北部，已熟悉農耕能夠自給自足，但軍事力量卻相當薄弱，在公元十三世紀，被鄰國吳哥王國的高棉族所統治，一二三八年（宋理宗熙嘉二年），泰族由英明的「室利膺陀羅鐵」領導打了一次勝仗，從高棉人手中奪回北部的「素可泰城」，建立了泰國歷史上的第一個王朝（一二三八－一四三八），定都素可泰城，故稱「素可泰王朝Sukhotai」，室利膺陀羅鐵是素可泰王朝的第一位君主一二三八－一二七〇年間在位。王朝歷九位君主，傳兩百年，被後起之大城王朝取代。

「素可泰」在巴利文的意思是「幸福的黎明」，當時泰國還沒有統一的文字，因此用素可泰作為第一個王朝的年號，以表明新時代的開始。素可泰王朝第三位君主為「蘭甘亨」大帝，被泰國人尊稱為「泰國之父」，他最大的貢獻是將當時國內通行的真臘（高棉）文字，改造成泰國自己之文字，推行全國。蘭甘亨大帝受人尊敬的另一個原因，是團結各民族，以平等方式對待泰族以外的各民族。他崇尚佛教，派信徒赴錫蘭（斯里蘭卡）學習佛經，回國後宣揚上座部佛陀教義（小乘佛教），由所興建的寺廟顯示泰國受佛教影響深遠。一般而言，泰國除受印度佛教的影響，也受緬甸孟族、高棉族的影響。

素可泰王朝建立後，有一段長時間的安定，勢力開始向湄南河流域擴展，到公元十四世紀初期，王朝的勢力已經影響整個馬來半島，和老檛（寮國）一帶。但蘭甘亨大帝逝世後王朝逐漸衰弱。此時泰國東部的一股泰族勢力，正日益壯大，很快蔓延到中部地區，一三四七年（元順帝至元七年），一位太守的女婿拉瑪鐵菩提烏通（Rama Thibodi Pha Chao Uthong），結集兵力在湄南河和巴塞河的匯合處，建立了一座新城，取名「阿瑜陀耶」華人稱之為「大城」，並稱王，這就是被泰國人稱為第二王朝的「阿瑜陀耶王朝Ayuthai」（一三〇五－一七六七）或「大城王朝」。傳四六二年，其間又區分為：第一烏通王朝、第一素攀那蓬王朝、第二烏通王朝、第二素攀那蓬王朝、素可泰王朝、巴沙通王朝、班普鑾王朝，共歷三十四位君主，其中有六位是篡位國王，還有二十年淪為鄰國緬甸藩屬（一五六四－一五八四），一七六七年（清乾隆三十二年）被緬甸軍大規模入侵而滅亡。

拉瑪鐵菩提烏通建立大城王朝後，立即展開外交及軍事攻勢，不久就佔領整個湄南河流域，及北部的素可泰王朝，他的精明思想和治國才能，為大成王朝的基業奠定了基礎。到十五世紀末繞非洲好望角至東方之航海線開通，歐洲的葡萄牙人，佔領了馬六甲海狹後，於一五一二年抵達泰國大城通商。此後荷蘭人、英國人、法國人、也相繼而來企圖在泰國這塊富饒土地上獲得利益。但此時期泰國與鄰國緬甸經常發生衝突，一段很長時間受到鄰國緬甸不斷侵襲，十六世紀還被緬軍佔領，淪為緬甸藩屬國，後被大城王朝後期素可泰王朝的第二位君主納黎萱大帝（一五九〇－一六〇五在位）光復，被尊為中興雄主。一七六七年（清乾隆三十二年）緬軍攻破京都大城，王被擄，逝於途中，城內的王宮、佛寺、民房和藝術寶藏均被掠奪摧毀，昔日的輝煌殿閣，只存殘垣斷壁。

一七六七年（清乾隆三十二年）大城王朝的京城陷落後，緬軍仍留下士兵駐守，以鎮壓泰國人民的反抗，但在泰國東南沿海一帶，卻崛起了一支抗緬部隊，部隊的主將原是大城王朝的將領鄭信（在中國史書稱鄭昭），他是漢族華人後裔，其父親鄭鏞原籍廣東澄海，由於家貧往泰國謀生，與傣族女子結婚，於一七三四年（清雍正十二年）誕生鄭信。鄭信英武過人，長大後成了大城王朝的將領。當大城被緬軍侵陷時，他率領隨從逃出了大城，於泰國東南的羅勇府建立基地，壯大力量，半年後率部隊分乘戰船，沿湄南河而上，首先攻破了西岸吞武里，繼而乘勝追擊，到大城與緬軍展開血戰，終將淪陷的大城光復。當鄭信領軍進城目睹昔日首都已是一片焦土，決定遷移湄南河西岸的「吞武里」，建立泰國的第三王朝「吞武里王朝Thonbure」或稱鄭信王朝（Phya Taksin）（一七六七年－一七八二年），鄭王建國後逐漸消滅了據地稱雄的其他勢力，收復失地，統一全泰國。然而王朝建立不久，內部的爭權奪利很快出現，鄭信執政後期，傳說因精神錯亂，於一七八二年（清乾隆四十七年）在一次部下倒戈政變中被殺，得年四十八歲。鄭信逝世吞武里王朝就此覆滅，為時只有十五年。後人為紀念鄭王的豐功偉績，特在吞武里域內建立鄭王廟，並在曼谷大羅斗圈廣場中央為鄭信大帝塑造了一座紀念碑，碑上聳立著鄭信王的騎馬戎裝銅像，策馬揮劍，極為英武。每年十二月二十八日即為鄭信王加冕之日，人民循例在銅像地區舉行鄭王祭拜大典。

鄭信王朝被推翻後，其部將昭披耶節基登上王位，他就是拉瑪一世王（拉瑪是取自泰族民間傳說的一位英雄人物），也就是目前泰國的「節基第四王朝」，亦稱「卻克里王朝Chakrri」或

「曼谷王朝」。因吞武里地方太小，加上國防上的理由，拉瑪一世王把國都從吞武里遷移到昭帕耶河（湄南河）東岸取名曼谷，於是曼谷就成了泰國歷史上的第四王朝的國都，從此泰國開始得到安定。節基王朝於一七八二年（清乾隆四十七年）建國迄今歷兩百三十八年，已傳十位君主。

其時，在十六世紀大成王朝中期，歐洲列強已到達暹羅，迄十八世紀歐洲工業革命成功，資本主義經濟快速發達，帝國主義國家紛紛出現，到十九世紀勢力已擴張到全世界，列強為掠奪資源頃力搶奪殖民地，英、法兩國分別在暹羅東西兩邊建立英屬印度和法屬印度支那殖民地。一八九六年（清光緒二十二年），英、法簽訂「關於暹羅等地的宣言」，將暹羅列為兩個殖民地之間的「緩衝國」，一九〇四年（清光緒三十年）英法再劃定勢力範圍，昭披耶河（湄南河）以東為法國勢力範圍，以西為英國勢力範圍。暹羅雖沒有淪為列強殖民地，但仍受到英法諸多壓制。當時亞洲的東南亞只有泰國是僅存的獨立國家，其他國家都成了葡萄牙、荷蘭、英國、法國、美國等的殖民地。泰國第四王朝拉瑪三世、四世、五世王為了維繫國家獨立自主的主權，都曾應用智慧，周旋於列強之間。拉瑪三世王於一八二六年（清道光六年）和西方列強簽署了史上首個商業條約《伯尼條約》，同意建立統一稅制，給予外國人減稅特惠，並減輕王室對商業的壟斷，此後西方文化開始在暹羅傳播，很多傳教士來到暹羅。拉瑪四世王蒙固是一位有國際觀的君主，與西方傳教士廣泛接觸，學習英語、拉丁語，用心了解西方國家，開始推展國家開放政策，與美國建立友好關係，運送大米支援美國林肯總統的南北戰爭。其子五世王朱拉隆功借鑑西方國家經驗，進行系列改革以因應殖民國家施加的壓力。還為主權獨立忍痛割讓一部分土地予英法兩國帝國殖民者。

泰國於一九三二年(民國二十一年)六月,在一次不流血革命政變中,成了君主立憲制國家,按照憲法,國王和王室實際權力不大,國王只是國家精神的像徵。但若國王對國家貢獻大,受到人民的愛戴,遇到國家出現政治危機,可以出面有效調停。如拉瑪九世王蒲美蓬在位期間,就幾次發揮了功能。泰國君主立憲時法律明訂有「不敬罪」,如對君主或王室成員有冒犯的言行,或以不當言詞形容,疑似揶揄、調侃等,將觸犯不敬罪,可判有期徒刑三至十五年。

君主立憲政體的泰國,政府的首腦是總理,一般由多數黨派領袖,經眾議院聯合政府選出,再請國王任命。泰國國會採兩院制,根據二〇一七年憲法修正案,眾議院議員五百席,其中三百五十席由普選產生,一百五十席按比例代表制從各黨派中選出。參議院議員兩百五十席,全由軍方指定。眾議員任期四年,參議員任期六年。最高司法機關是大理院,其成員先由政府機關內部選任,後由國王指定。

泰國自一九三二年(民國二十一年)君主立憲以來,已發生三十餘次政變,最近的一次政變在二〇一四年(民國一〇三年),雖然二〇一九年(民國一〇八年)已舉辦大選,新內閣三十六名成員於十月正式宣誓就職,原領導政變軍頭巴育上將連任總理兼國防部長,他宣稱軍人統治時代結束,泰國正式回歸民主國家,但卻因內閣中充滿軍方色彩,軍人戀棧的意圖明顯,玩弄選舉法規,難以落實真正的民意,導致政局隱藏不穩定因素,影響社會人心的安定,二〇二〇年(民國一〇九年)人民群眾聚集示威再起,結果如何尚難預料。

①
②｜③

①泰北少數民族服飾。
②③泰北上座部小乘佛教佛寺。

第三節　國王（大帝）對泰國的貢獻

按泰國歷史，自一二三八年建國迄今共七百八十一年，經歷了四個王朝共五十四位君主，各王在位時間長短不一，對國家的貢獻亦不同。因國王的頭銜包含了國家元首、皇家軍隊統帥、佛教擁護者與宗教維護者。在君主立憲前權力是無限的，英明的君主對國家的責任與貢獻就相對的大。在二十世紀泰國公布，歷史上有五位國王對國家有特殊貢獻，稱為「五大帝」，備受人民崇敬。這五位大帝是：蘭甘亨大帝、烏通大帝、納黎萱大帝、鄭信大帝、朱拉隆功大帝。到二〇一六年（民國一〇五年）十月十三日又修訂為八大帝，增加了三大帝，分別是：帕佛陀約華朱拉洛大帝（拉瑪一世王）、蒙固大帝（拉瑪四世王）、蒲美蓬阿杜德大帝（拉瑪九世王）。

這八位泰國歷史上的大帝，各人對國家的特殊貢獻簡述如下：

一、**蘭甘亨大帝：**是素可泰第一王朝時期的第三位君主，一二七九－一二九八年在位十九年。他打敗入侵的高棉軍擴張了素可泰王國的版圖，將當時流行於素可泰地區的高棉文加以修改創造了泰文字母，於一二八三年開始頒行全國，正式以上座部佛教（小乘佛教）為國教。並與中國軍事強大的元朝帝國保持友好，據說一二九四年蘭甘亨國王曾親至元廷覲見元世祖忽必烈朝貢，避免了元軍對泰國的威脅，後又再次親至元廷，並帶回元朝的匠人，開創泰國著名的宋加洛陶器。

二、**拉瑪鐵菩提烏通大帝**：是大城第一王朝開國君主，一三五〇－一三七〇年在位二十年。他對國家最大的功勞是在一三五〇－一三五九年間，編纂了第一部《暹羅法典》，奠定了國家法律制度的基礎，此法典一直沿用到十九世紀。烏通大帝自登基始，就鼓勵波斯及中國商人來暹羅經商，使首都大城成為國際貿易的港口，因經濟的活絡帶動了社會繁榮，國家富強安定，人口快速增加，但後繼者烏通大帝之子登基不久就發生篡位者，國家從此動亂。

三、**納黎萱大帝**：是大城王朝時代第二素攀那蓬王朝之後的素可泰王朝的第二位君主，一五九〇－一六〇五年在位十五年。又稱訕佩二世，他是大城王朝的中興雄主，也是「泰拳」的創始者。他在位時面臨緬甸東吁王朝入侵，納黎瑄騎在象背上與緬軍統帥「敏基蘇瓦」決戰，刺死了敏基蘇瓦，贏得勝利。當天是一五九三年一月十八日，後來被泰國政府訂為「泰國建軍節」。納黎萱大帝並率領大軍攻入緬甸，收復許多失土。後又攻打柬普寨，將其降為暹羅附屬國，解決了後顧之憂。為了紀念納黎萱大帝，泰國皇家海軍旗艦稱納黎萱號、彭世洛建有納黎萱大學、還有納黎萱大壩等。

四、**鄭昭達信大帝**：一七六七－一七八二年在位十五年。他是中泰混血兒，其父鄭鏞來自中國廣東澄海，鄭昭原名鄭信，又名鄭新、鄭生、鄭國英、鄭國華，一七六七年緬甸軍侵略暹羅，攻陷大城第二王朝首都大城，滅阿瑜陀耶王國，達信三十三歲是阿瑜陀耶王國將領，率領五百名部隊衝出城市，在東南沿海一帶組織了一支軍隊，反抗緬甸的統治。不久適逢中國滿清王朝清軍與緬軍爆發戰爭，緬軍駐防暹羅的大部分部隊徹回抵抗清軍，鄭昭率軍趁機收復首都阿瑜陀耶（大城）。鄭昭進入大城目睹首都已殘破不堪，遂到「吞武里」建立第三王朝，稱「吞武里王朝」或達信王朝。達信在位期間很快消滅了各地割據勢力，又擊退緬甸軍隊的再次進攻，收復了北方的清邁等地。還征服了蘭納、萬象、瑯勃拉邦、占巴塞等。並與越南的阮主爭奪柬普寨，使其控制的領地歸還暹羅。他非常重視教育，也尊重宗教，使暹羅的教育與宗教都得到發展。他推展外交發展經濟，積極與中國、英國、荷蘭進行貿易，使復國時凋敝的經濟很快復甦。可惜執政後期統治昏庸，一七八二年被部下披耶訕政變推翻，達信身死時年四十八歲，結束了十五年的統治。

五、怕佛陀約華朱拉洛大帝（鄭華）：是卻克里第四王朝（節基王朝或曼谷王朝）開國一世王，稱拉瑪一世，一七八二－一八〇九年在位二十七年。本名通鑾，中國清朝實錄稱為鄭華，原是吞武里王鄭昭麾下名將，曾協助鄭昭擊退緬甸軍入侵。一七八二年鄭昭在叛亂中被推翻，通鑾平定叛亂並廢黜鄭昭，即位為王，即位後遷都到湄南河東岸「拉達那哥欣島」，在島上建立新首都曼谷。一七八五年（清乾隆五十年）緬甸軍再次入侵，成功擊退，介入越南內戰，並控制柬普寨。他制定《三印法》，整理了暹羅的官僚制度。他召集了阿耶陀耶王朝的後裔，收集自緬甸入侵以來喪失的《拉瑪堅》等史詩。又在曼谷興建玉佛寺等多間寺院，大力擴展上座部佛教。一七八六年（清乾隆五十一年）以鄭昭之子鄭華的名義遣使赴清朝朝貢，得到清帝乾隆冊封鄭華為「暹羅王」，之後的二世、三世、四世在對清廷遞交國書時都使用了鄭姓的中文名字，他使「鄭」成了拉瑪王朝的國姓，後繼的每一代君主都有鄭姓的中文名字，沿用至今。

六、蒙固大帝（鄭明）：是拉瑪王朝第四位君主，一八五一－一八六八年在位十八年，據清史稿稱其為「蒙格克托鄭明」。他於登基前用了二十七年時間旅遊全國，向西方外國傳教士學習拉丁文、英語、天文學，數學和理學，傳教士曾勸他改信耶穌教，蒙固堅持做佛教徒，懷有堅定的暹羅民族主義思想。他探訪民間疾苦。深刻感受到英法殖民主義對國家的威脅，但他下決心不讓暹羅淪落到殖民地的厄運，因而致力於推行近代化國政改革，一八五五年（清咸豐五年）香港英國總督寶寧爵士率軍抵達曼谷，以武力逼迫暹羅推行部分貿易自由化改革，蒙固選擇同意並與其簽署了《寶寧條約》，此條約規定所有商品進口稅降為3％，同時解除王室對商業的壟斷，並授予英國公民治外法權。此後其他西方列強也跟進和暹羅簽訂了類似的條款。蒙固在內政方面創建了「上座部佛教的法宗派」，將佛教教義嚴格化，祛除民間宗教及迷信部分，要求僧侶一天只吃一頓飯，且須是化緣得來，這項規定一直沿用至今。他在外交上與美國友好，在美國南北戰爭期間運大米支援林肯總統以減緩英法等列強對暹羅的壓力。尤其他聘用西方私人女教師安娜李奧諾文斯，為王位繼承人朱拉隆功的教師，安娜對朱拉隆功影響深遠，其故事後來被改編為百老匯歌劇《國王與我》，也拍成電影影響整個泰國社會。

七、朱拉隆功大帝（鄭隆）：是拉瑪第四王朝第五位君主，一八六八－一九一〇年在位四十二年。他繼位時只有十五歲，因還未成年，由攝政王西索里亞翁監國，其間他出國訪問了西方殖民地的新加坡、印尼、和印度，了解熟悉西方國家的政府管理模式。直到一八七三年（清同治十二年）成年才逐漸掌握實權。他首先成立了西式的樞密院和國務院，一九〇五年（清光緒三十一年），宣布廢除暹羅已行之六百年的奴隸及債役限制。一八八七年（清光緒十三年）建立內閣、審計署、教育部。解除了泰北清邁地區的自治地位，進而推動軍隊現代化改革。一八九三年（清光緒十九年）後雖然外交受法、英帝國的強力施壓，將暹羅一部分領土割讓，精神和健康受到打擊，但內政改革方面他加速了腳步，使國家體制由完全的君主專制政體，逐漸過渡至集權形式的現代國家。他修築鐵路改善交通，設立電報網絡，建立完備的稅收系統，他大力發展教育在全國各府，廣設基礎學校培養人才，只要是優秀人才，不論出身都授予國家獎學金，送往歐洲留學改善了暹羅公務人手短缺，政府不得不僱傭外國人。在一八九七年（清光緒二十三年）及一九〇七年（清光緒三十三年）朱拉隆功曾兩次往歐洲旅遊、考察、訪問了大部分的帝國主義國家，這是亞洲君主前所未有的大規模訪問，而當時他的多個兒子已經在歐洲多國留學（朱拉隆功共有九十七名子女，其中二十人未成年早夭，成年者有三十三個王子，四十四個公主）。到一九一〇年（清宣統二年）朱拉隆功逝世時，暹羅已經接近成為半西化的國家，並且免於殖民統治的亡國命運。證明朱拉隆功大帝對暹羅的政治及社會施行一系列現代改革的成功，所以他被尊為「現代泰國之父」，他逝世的十月二十三日法定為「五世王紀念日」。為表彰他的功勳其子拉瑪六世王建「朱拉隆功大學」，是皇家最重要、最好的大學。

八、蒲美蓬阿杜德大帝（鄭固）：是拉瑪第四王朝第九位君主，一九四六年－二〇一六年在位七十年。他是朱拉隆功大帝第六十九子宋卡親王瑪希敦阿杜德之次子，拉瑪八世王之胞弟。一九二七年（民國十六年）十二月五日生於美國麻薩諸塞州劍橋的奧本山醫院，是唯一出生於美國的國君。一九二九年（民國十八年）其父瑪希敦醫生病逝，母親帶蒲美蓬及兄姐回到暹羅。一九三三年（民國二十二年）其母帶全家遷至歐洲瑞士，蒲美蓬就在瑞士讀書，一九三四年七歲獲贈一相機，由此開始他持續一生的攝影生涯。一九四二年（民國三十一年）蒲美蓬對爵士樂產生興趣，開始學習演奏薩克斯風，這一興趣亦持續一生。他於瑞士洛桑高中畢業時專業為法國文學、拉丁語及希臘語，後進入洛桑大學修習理學，第二次世界大戰結束全家返回泰國。一九四六年（民國三十五年）六月九日，其兄阿南搭瑪希敦因槍傷意外逝世，蒲美蓬十九歲接替兄長王位。他處理完兄長喪事，返回瑞士轉讀法律及政治科學，為日後治理國家進行準備。他在歐洲留學期間，其叔父猜納親王朗西為攝政王，並以蒲美蓬之名於一九四七年（民國三十六年）十一月促成了軍事政變，推翻了鑾探隆那瓦沙瓦領導的政府，猜納親王朗西簽署了泰國一九四九年（民國三十八年）憲法，恢復了國君在一九三二年（民國二十一年）暹羅立憲革命中失去的諸多權力。蒲美蓬於瑞士留學期間頻繁造訪法國巴黎，在巴黎邂逅了泰國駐法大使之女詩麗吉，並結婚成為日後的王后。蒲美蓬在位七十年又一百二十六天，其治下經歷了三十位總理，一生對泰國貢獻很多，簡述如下：

1. 一九五〇年（民國三十九年）五月四日蒲美蓬登基時宣示：「朕將以道治國，以實現人民的福祉為責任」，他一直信守承諾。並告誡政府官員，要視為民服務為快樂，為民謀福祉是官員的職責。他非常強調民眾充分參與的重要，要求政府官員須多聽人民的心聲，人民有問題官員要用心找出正確有效解決的方法，不能敷衍人民。他也告誡人民對自己國家要有信心，不可盲目崇信國外的理論或技術，凡事要求證。

2. 泰國以農立國，但近世紀以來，山地、森林因刀耕火種破壞嚴重，蒲美蓬提倡恢復森林植被計畫，要人民做好保護環境工作，讓原有植物自然生長，這一概念受到學者專家重視，以「以自然助自然」理念在全國推展，這個理念後被政府轉為政令推動，植被得到恢復，森林生氣蓬勃。皇上非常重視國民的公共衛生，強調公共衛生關係人民的生活與健康，而健康的身體是國家一切發展的基礎，基礎堅實國家才會富強、快樂。他提出「自力更生，知足常樂」的經典名言，做為升華泰國最高治國理念，他指出發展經濟的同時，更要以國民的幸福為依歸，足食、足用也要足儉，自力更生方能使個人、家庭乃至整個國家具備對應外來變化的免疫力。

3. 皇上訓勉全國人民，要以「知、愛、團結」作為國家安定走向富強的必要條件，他倡導建立「單一窗口式服務」運作模式，人民有意見可以直接向政府建議。他根據一九一三年（民國二年）拉瑪六世王頒布的國籍法，凡在泰國境內出生的嬰兒，不論種族皆獲暹羅權益。並依據這項規定，對中國大陸淪共後逃難到泰北的難胞義民給予庇護，使其安居落戶，和泰國人民一樣享受平等待遇。

4. 設立皇家基金會，推動皇家開發計畫，此項計畫一九五六年（民國四十五年）首次在巴蜀府，以保護和開發當地水資源為目標，到一九六九年（民國五十八年）又在泰北山地，以鼓勵山區居民種植溫帶和低寒帶經濟作物，替代種植鴉片，同時解決山區刀耕火種破壞森林和水源問題。該基金會數十年來已贊助推展了三千多項鄉村的農業科技、環保、水利、解決水災和旱災，一九八八年（民國七十七年）榮獲國際麥賽基金會頒發獎章。

5. 皇上發明「猜帕他納水車」，解決了汙水淨化處理問題，泰國各地汙水排入河川，嚴重汙染水質，皇上特別憂心，投入許多心力和時間，發明了一種結構簡單的汙水淨化處理機，於一九八八年（民國七十七年）三月二十四日啟用，後來又作了改進，分別適用於不同的水質環境，其中以二號型最受歡迎。經廣泛使用大幅淨化了水質，一九九三年（民國八十二年）七月二日RX2號型猜帕他納水車，獲得國際發明專利，使國家榮耀。

6. 皇上經三十年研究，以科學方法進行人工造雨技術獲得成功，舒緩了泰國每年十一月到次年二月的旱季，農作物因缺水枯萎欠收困境，二〇〇五年（民國九十四年）十月十二日再獲歐洲專利組織〈EPO〉頒發專利證書，使皇上成為全世界唯一和首位獲此專利權的國君。

7. 皇上提出「猴腮水利工程」構想及「巴薩沖拉辛水庫工程」計畫，解決了湄南河水量不均，對兩岸帶來水災及中部地區巴薩河流域兩岸水災問題。一九九六年（民國八十五年）皇上登基五十年，泰國政府代表全國臣民向皇上敬獻「治理水資源之父」榮譽稱號。二〇〇四年（民國九十三年）此項水庫工程，獲得聯合國頒發了「人類居住成就」獎。

8.皇上倡導種植「甜根草」保護土壤，泰國山坡地常被雨水沖刷土壤表層流失，雨季發生土石流災害，一九九一年（民國八十年）皇上受皇太后的啟發，利用種植甜根草進行固土保水，防止水土流失，達到了保護水土資源的效果。皇上稱「甜根草」是一種解決水土保持的神奇植物。一九九三年（民國八十二年）國際防控土壤侵蝕協會，頒發獎章表彰他在保持水土和促進農業發展方面的成就。

9.皇上音樂造詣享譽全球，他年幼時在歐洲瑞士音樂的故鄉耳濡目染，受到薰陶，無論樂器、樂理都有極高的造詣，在樂器方面薩克斯風、單管、小號、鋼琴都內行，且親自譜寫了多首經典名曲，成了泰國和世界知名的經典佳作，曾在國際大型音樂演奏會上演奏，如燭光、雨絲、新年祝福等四十八首旋律優美，詞意高雅名曲感動了眾多臣民的心。一九六四年（民國五十三年）年皇上應奧地利之邀在國家音樂廳，和世界最有名的奈德奧斯特雷斯管弦樂隊，合奏了五首皇上創作的名曲，這次演奏會在泰國向全國實況轉播，讓臣民分享國王的才華與音樂造詣。因演奏的成功，皇上獲得維也納音樂與藝術院敬獻的世界第二十三位最高榮譽會員證書，這是亞洲地區第一位獲得如此高深藝術造詣肯定的國王。

蒲美蓬國王在位的七十年間，泰國歷經了三十餘次政變，任命了三十位總理，其中有政變下臺，再政變上臺者，但未影響泰國的君主立憲政體，其主要原因是國王謹守君主立憲的分際，對國家的忠誠，對臣民的愛心，還化解了幾次的流血衝突，減少了犧牲。如一九四六年

（民國三十五年）第二次世界大戰剛結束不久，美國崛起，西方帝國列強殖民國家沒落，民族主義意識高漲，各殖民地國家紛紛要求獨立，泰國雖已君主立憲，人民的要求很多，蒲美蓬剛即位的五年間發生了五次政變，換了三部憲法，更換了十一位總理，只有二十歲出頭的蒲美蓬，謹守立憲虛位君主的精神，沉著應變，渡過了重重難關，秉持著不管環境如何變，唯獨皇上愛民之心不變，他以英明睿智和高瞻遠矚領導著國家渡過危機走向安定繁榮。二〇一六年（民國一〇五年）蒲美蓬國王以高齡八十九歲崩世，臣民悲慟萬分，將十二月五日國王的誕辰訂為「父親節」，並追封為第八位「大帝」。

泰國現任國王拉瑪十世，瑪哈瓦吉拉隆功・鄭冕，乃已故九世皇蒲美蓬阿杜德獨子，一九五二年（民國四十一年）生，二〇一六年（民國一〇五年）十月十三日九世皇逝世後依法繼位，十二月一日正式即位，二〇一九年（民國一〇八年）五月四日於曼谷大皇宮舉行加冕儀式。泰國憲法明定王室不得涉足政治，只做國家精神領袖，保持政治中立。但剛繼位的瓦吉拉隆功，馬上擴大和鞏固權力，於二〇一七年（民國一〇六年）年初向執政的軍政府提出修訂憲法中有關國王部分權限，一月十五日國會表決，以二二八票贊成，三票放棄，無人反對情況下通過草案。案中有五項擴大了國王的權力：

一、泰皇出國時不必指派攝政者代理職務，所有王室法令也不必再經由政府官員副署。

二、國王瓦吉拉隆功直接控制、監督王室事務，及王宮安全的五個國家機構。（先前是由

政府或軍方管控）

三、政府頒布賦予國王直接掌控王室數十億美元資產的權力。

四、為泰國陸軍設計新的敬禮方式，還下令全國警察統一剃光頭。

五、迅速撤消掉多位資深王宮官員與核心的宮務大臣，部分官員也因罪撤職，其中前幕僚長不但被撤職，還因被控對國王個人財產作不實陳述，觸犯誹謗王室罪判刑五年半。

第四節　泰國文化與宗教

泰國位於中國與印度兩個大國的交匯點，其文化、宗教也受到印度與中國兩大國的深度影響。泰國的宮廷文化主要是基於佛教和婆羅門教，極大地受到印度影響。泰國文化可分為五方面：傳統文化、語言文化、宮廷文化、宗教文化、飲食文化。茲分述之：

一、**傳統文化**：泰國以農立國，傳統文化是指以農業和人文，製作日常必需品的工藝有關的習俗。泰國的傳統習俗基於家庭（由雙親組成），如中國和亞洲其他國家一樣，年輕人要尊重並順從父母、長者、教師和僧人的指導。傳統的泰國文化與佛教寺廟關係密切，佛教寺廟林立，僧侶眾多，數百年來已深深地影響了泰國人民，任何節日喜慶、結婚、喪葬、新店開張、樓宇落成等都會邀請僧人誦經，舉行祭典。寺廟除了是僧侶的生活之地也成為村鎮的活動中心，還是人們接受教育，舉行儀式、慶祝節日的場所。

二、**語言文化**：泰文是素可泰王朝（泰國第一王朝）第三任國王蘭甘亨大帝，於一二八三年前，根據高棉（真臘）文、孟文創造的字母，再由字母組合而成字詞。泰語基本上是由單音節的詞組成，迄今已經使用七百多年，沒有太大的修正。有四十四個字母，分二十個輔音音素、二十二個元音、一個雙元音、一個三元音。因泰語是一種音調語言，具有五種不同的音調，常使不瞭解這種文化的外國人感到迷惑，例如，Suea不同的音調代表不同的意義：降調是虎、低調是墊（席子）、升調是衣服。像世界上其他許多語言一樣，泰語也是一種複雜的，各種文化的混合體。泰語中的許多詞彙來自巴利語、梵語、高棉語、馬來語、英語和漢語。

三、**宮廷文化：**宮廷文化是指繪畫、建築、雕刻、文學、戲劇和音樂。以往宮廷文化主要受到王室宮廷和貴族的支持，多數作品服務以佛教，其體系受印度的影響，進一步融合發展形成獨特的泰國文化。泰國的古典繪畫多限於寺廟或宮廷裡的壁畫，其主題都與佛教有關，如釋迦牟尼的生活：天堂、地獄的故事及有關的傳統習俗。繪畫的主旨是美化寺院，促進佛教的發展，並給人民心智的啟迪。建築除了皇家宮廷建築外，還可在佛教的所屬物，寶塔和寺廟看到泰國的古典建築，借鑑印度、中國、緬甸等國的建築藝術，泰國人民再創造了自己獨特的建築風格——多層屋頂、高聳的塔尖，用木雕、金箔、瓷器、彩色玻璃、珍珠等鑲崁裝飾，在陽光照耀下，這些建築物發出燦爛的藝術之光。泰國的雕刻集中在佛教人物的表現上，佛教人物非常多樣，這些人物是用木材、金屬、皮革、象牙或稀有石材和灰泥製成，極具民族特色。

泰國文學與宗教、皇家貴族有關，以往多用詩歌的形式表現出來。到二十世紀早期拉瑪六世王對泰國的文學作了些改革，從此，散文成為泰國作家喜愛的寫作形式，也描寫普通的日常生活，最主要的文學作品之一是《拉瑪堅》。泰國的戲劇和舞蹈是密不可分的，舞蹈源於印度，但泰人將其改變得動作緩慢、優美。在大城王朝時期，主要有泰南舞劇，民間舞劇、宮廷舞劇。到拉瑪五世王時期受西方戲劇的影響，又增加了啞劇、吼劇、古劇、雜劇、唱劇和話劇。早些時候，戲劇通常是在宮廷和貴族官邸上演，普通百姓只能在佛教節日才能看到，但現在已很大眾化、普及化。泰國的古典音樂使用自然音階。樂器分彈、拉、敲、吹四種。彈的樂器有古箏，拉的有胡琴，敲的有排琴、鉦、鈸、葫蘆鼓、馬來鼓，吹的有雙簧管和笛。在宗教儀式、傳統儀式和節日時，都會吹奏古典音樂，泰國古典音樂，節奏有一定的形式，時而明快、時而緩慢，悅耳動聽，被認為是一種高級的藝術享受。

四、宗教文化：泰國雖未定國教，但佛教是泰國道德禮教的「準則」，維繫社會和諧及推動藝術的原動力，與歐洲中世紀時代的天主教相似。佛教在泰國有很高的地位，憲法規定國王必須是佛教徒。泰國無數寺廟的重疊式屋簷，能使人引發創作的靈感。佛教影響力深入民間的另一原因是大部分泰國佛教家庭，必然有一位男丁入住寺廟修道，研習佛教道理。據佛教習俗，信奉佛教的男性年齡超過二十一歲，在其一生中，需接受剃度一次，以實踐僧侶生活，短則五天，長則三個月。通常剃度會在每年的避雨節期間舉行。為期三個月的避雨節，每個僧侶都避免外遊，留在寺廟中進修佛學。泰國寺廟除了作為佛教活動中心，通常也是小鎮的消息集散地、勞工雇用中心、新聞發佈處、藥物分發站，有時還當作學校和醫療所。總之，泰國社會的寺廟具有多元化的用途。泰人亦強調宗教自由，故其他宗教如回教、道教、基督教、天主教、印度教及錫克教等都可同時存在。

五、飲食文化：泰國飲食很多元，因地處亞熱帶，氣候偏熱，可食用的植物、動物很多，生吃、熟吃均可。泰國菜講究「酸、甜、苦、辣、鹹」五味互相平衡，通常以鹹、酸、辣為主，也帶一點甜。泰國人吃飯用右手抓，不用左手，認為左手不潔，在公共場所忌用左手傳遞物品給人，與人交談時，不可用手指指對方，不可摸小孩的頭，坐時避免翹腳，尤其在長輩、長官、教師在坐，會視為不敬，嚴禁將腳掌朝向任何人。此外，不管別人是站或坐，如要經過其面前，必須躬身而過，切勿跨越他人腳部。進入泰國人家庭或寺廟要脫鞋，如有門檻不可踩在上面。與人見面以雙手合十致意，含有感恩、尊敬之意，如對方不伸手錶示握手，不可先伸手，尤其對方是女士更要特別留意。參加婚禮不可穿白色（新娘專用）、紫色（象徵失敗）、黑色（象徵不祥），衣服配帶上述顏色的飾物亦屬不當。

泰國宗教：泰國君主立憲後，憲法未規定國教，而且保障所有泰國公民的宗教自由，但國王一定要是佛教徒。泰國佛教屬「南傳上座部佛教」，是承襲印度古老佛教思想，後在斯里蘭卡發展成具有顯著自身特色的派別，約於十二世紀傳至緬甸、暹羅、寮國、柬埔寨等東南亞地區。它的核心教義來自保存於巴利語中的釋迦牟尼（佛陀）佛教創始者的教導。泰國政府設有宗教事務委員會，管理全國的宗教事務。佛教雖非法定國教，但具有國教地位。人民約93％是佛教徒，故有「黃袍國」之稱。僧侶的地位很高，設有「僧王」，歷史上已有十九位僧王。人民非常尊崇佛教，敬重僧侶，男子可以不服兵役，但必須在一生中出家一次才是真男人。穆斯林（回教）是泰國第二大宗教群體，占全國人口4.6％，主要分布在南部的北大年、惹拉、陶公、宋卡四府，對泰國社會有影響力。基督教、天主教約占0.7％，其他如道教、一貫道、印度教、錫克教等約1％。

①	②
	③
	④

①泰國民衆虔誠禮佛。
②泰北清萊佛寺。
③泰國民衆搶著向僧侶佈施。
④泰國曼谷國際機場九龍圖騰。

第三章　泰國華僑教育

第一節　華人移民泰國簡史

中華民族移民海外歷史久遠，移民潮始自公元前十二世紀，據《史記》載，公元前一一二二年，周武王滅殷，殷人箕子義不臣周，遂率其封國（今山東境）民眾徙居朝鮮，今平壤郊外尚有箕子陵墓、箕子井田的遺跡。史記又載，公元前二二一年秦始皇滅六國統一中國，為求長生不死仙丹，遣徐福率三千童男女，入海採藥，後漂流到日本，在今日本歌山縣，新官町仍有徐福墓及徐福村。唐史載：公元八七五年，農民黃巢起義，有唐人避禍東南亞暹羅。唐朝是中國繼漢朝之後國力強盛，文化高度發展的朝代，大唐文明已遠播日本及南洋各地，「唐人」遂成為海外各國對華人的通稱。「唐人」、「唐山」、「唐人街」諸名稱廣泛流傳於暹羅華人集居的地方，迄今如故。

到宋、元時代，因對外貿易興旺，華商沿南北絲綢陸路出國經商，或沿海路出國貿易，促成了造船，航海技術的發展。迨至元朝因漢民族反抗蒙古人之統治，宋臣民紛紛出逃，足跡遍及東南亞的高棉（柬埔寨）、越南、暹邏、緬甸、寮國（老撾）東北亞的朝鮮、日本及中亞細亞的許多國家。

明朝成祖（朱棣）取得政權後於一四〇五年（明永樂三年）七月十一日命三寶太監鄭和率二萬七千四百多名由官員、士兵、技術人員組成的龐大船隊出使南洋，宣揚國威兼貿易。迄一四三三年（明宣德八年）年歷二十八年七次出洋，先後到達東南亞暹羅、印尼、馬來西亞、中東的伊朗、阿拉伯，最遠還到非洲東海岸和紅海沿岸的麥加等三十多個國家或地區，還有人認為曾到達澳洲。在這長達兩千七百多年的漫長華人一波波移民潮中，到底有多少華人移民海外，因時間久遠、資料不全、移民人口也無法估計。

明末清初，中國沿海「倭寇猖獗」，山東、浙江、福建、廣東各省人民深受其害，加之明政府政治腐敗，宦官當權，流寇肆虐，天災、人禍不斷，民不聊生，人民為避天災、人禍只好冒險逃亡海外求生。當滿清入主中原，漢民族不甘淪為清朝臣民，大量攜家帶眷逃亡海外，籌組幫會反清復明。自十六世紀後歐洲科技發達，航海能力大進。先有一四九二年哥倫布航行美洲發現新大陸。繼有一五一九年（明正德十四年）麥哲倫航行繞地球一週。西班牙建立無敵艦隊稱霸海上。十六世紀中葉，英國崛起，一五八八年（明萬曆十六年）英海軍擊敗西班牙，取得海上霸權，勢力快速伸向亞洲。隨著西方殖民帝國的東來，南洋多國相繼淪為殖民地，只有泰國在狹縫中倖存。因殖民地的豐富資源促使歐洲各工業國家提升國力，工業革命已蓄勢待發，勞工需求量大，各列強到中國沿海諸省，以利誘手段鼓勵農民到海外滿足其「發財夢」，這波移民潮也超過百萬。

時序進入清末十八—十九世紀，是中國歷史上規模最大的一次移民潮。發生的主要原因有四：

一、清政府在經歷康熙、雍正、乾隆三代百餘年盛世後，人口已突破四億，人口的大幅增加，相對的耕地面積就縮小，加之清中葉後國勢漸衰，土地政策不善，地主籠斷了土地，人民的賦稅加重，廣大的農民食無溫飽，只好逃亡到地廣人稀的海外謀生。

二、西方工業革命的成功，殖民地家國及資本主義國家都需要大批的勞工築路、開礦、採煤、伐木、搬運等。中國廉價、溫馴、負責、肯吃苦耐勞的華工，正可滿足其需求。於是「契約華工」又稱為「苦力」或「豬仔」的「華工招募站」或稱「豬仔館」的行業生意興隆。香港、澳門兩地是華工出口轉運站，新加坡則是東南亞華工貿易中心，大批的出口華工除運到南洋，也被送往美洲、澳洲、南非等地。

三、清末帝國主義不斷侵略蠶食中國，清政府屢戰屢敗，割地賠款，國家地位淪為次殖民地。太平天國等農民起義反清戰禍不斷，天災頻仍，人民生命財產毫無保障，冒死逃亡海外以求生機。

四、清政府腐敗，孫中山等愛國人士奮起奔走革命，喚醒國人愛國意識，而清政府又加緊箝制反清勢力，捕殺愛國志士仁人，有志報國者唯有亡命海外籌組救國團體，等待時機推翻滿清，拯救國家。這波移民潮有數百萬之多。

二十世紀中葉又發生了一大波移民潮：起因是國共內戰，烽火燒遍全國。一九四九年（民國三十八年）國民黨失去大陸政權，播遷臺灣，許多國民政府時代的黨政軍民為避中共統治紛紛流亡海外。再加中共建政後嚴厲鎮壓反革命，自一九五〇年（民國三十九年）始強制土地改革，打倒地主，接著三反、五反，到一九五九年（民國四十八年）發動大躍進，翌年效蘇共搞人民公社吃大鍋飯，造成全國大飢荒。一九六六年（民國五十五年）八月再利用無知但血氣方剛的青少年發動反傳統、反文化極具破壞性的文化大革命前後歷時十年。這波移民潮保守估計有五百萬以上。

最近一波移民潮，則發生在二十世紀末跨越新世紀迄今的三十餘年間。發生的原因是中共自文化大革命結束後，實行改革開放政策，一九七八年（民國六十七年）年始放寬人民出國限制，後隨著經濟的發展，人民出國探親、依親、求學、講學、服務、貿易等人數大增，成了大陸自由移民的先驅。尤其到二〇〇〇年新世紀來臨後，國家經濟起飛，綜合國力已躍居僅次於美國的世界第二，外滙已高居世界第一。出國設廠、投資的人民更絡繹不絕於途。

而已播遷臺灣的國民政府在二十世紀七〇年代後，雖在聯合國之席位已由中共取代，卻出現了經濟奇蹟，國力變強，經濟實力躍居亞洲四小龍之首，外滙存底也擠入了世界前三名。使臺灣人民有能力移民海外，且因臺灣面積狹小，人口密度曾排名世界第二，政府對人民外移並不限制。又自一九八八年（民國七十七年）蔣經國總統逝世後，繼任的李登輝有臺獨傾向，到二〇〇〇年（民國八十九年）陳水扁取得政權，兩任的民選總統，前後二十年或明或暗推行臺獨政策，去蔣化、去中國化，不但使臺灣經濟停滯且倒退，尤其引發了不滿臺獨人士的移民潮，超過百萬。計粗估最近的三十年兩岸同胞移民海外者超過千萬，且移民素質提高，具有相當的競爭力。

海外華僑人數，國民政府在一九四六年代（民國三十五年）曾作過統計，因此時世界上的許多國家尚在殖民地階段，中國在贏得抗日戰爭勝利後已是世界五強之一，經由資料顯示，那時華僑已超過三千萬。二〇〇四年（民國九十三年），中共曾做調查，全世界的國家都有華僑、華人的分佈，總數約五千萬。且有一百五十多個國家還出現了華僑、華人節節上升的情況，平均約十年就翻了一倍。而今又過了十餘年，在這十餘年中外移人口更大幅增加，再加上自然的生育繁衍，超過六千萬之說是合理的。

泰國華裔人數說法不一，因時間久遠，中泰通婚融合，比比皆是，不論泰國政府、中國駐泰使領館，或僑委會都無法正確統計，中、泰官方公布的數字，均屬參考而已。因泰族本身就是中國血統的混合體，拉瑪五世王朱拉隆功大帝曾公開向全國聲明：「我一貫的政策，即暹羅華僑應享有同樣勞作及謀利之機會，一若本國同胞所有者，我從未視華僑為外人，一向視其為王國組成份子之一，應共享其繁榮與進步」，這段話裡含著泰人與華人血統無法分清之意。所以，一般公認華裔約在八百－一千萬。但是，據筆者所查資料，泰國華僑志記載，一八〇九年（清嘉慶十四年）曼谷第四王朝拉瑪二世即位，美國傳教士藍敦博士〈Ph.D Landon〉的調查分析，並配合官方的統計資料，一八〇九年泰國總人口約一千萬，其中暹羅人占30％，漢人占30％，馬來人占10％，柬埔寨（高棉）人占10％，佬（寮國）人占13％，其他少數民族占

7％。照此比例，泰人與漢人人數相同，暹羅人篤信佛教，沒有節育限制，漢人有多子多孫多福氣的觀念。

經過兩百多年的繁衍，時至今日，泰國人口六千八百四十一萬（二〇一七年泰國政府公布）。30％應是兩千零五十二萬，而泰國政府公布泰族占70％、華人占15％，比例懸殊太大，甚不合理。根據資料泰國自立憲迄今共有四十位總理，其中三位是代理，自第三任總理（一九三八年就職）始，不論出身文官或武官全是華裔。泰國政府中，文、武高官華裔比例甚多。泰國四大經濟支柱除農業外，旅遊業、工業、寶石及礦業亦由華僑華裔主導。

二十世紀八〇年代前泰國是極親西方的國家，但自中共國力崛起，進入二十一世紀已明顯轉向加強了與中國的關係。自二〇〇五年（民國九十四年）後華文已納入主體教育系統，二〇〇六年（民國九十五年）始孔子學院、孔子課堂相繼設立，協助政府大力推動人民學習華文、漢語，每年派大批公務員、留學生赴中國研習華文、漢語，目標是到二〇三〇年（民國一一九年）有25％公務員、學生、一般人具備華文漢語基本能力。泰國的道路、招牌多是中文，據旅遊泰國的旅客表示：「我們初到泰國，目睹耳聞，絕無身履異邦之感」。

泰國華人依祖籍分潮州、客家、海南、廣肇、福建、江浙、雲南、臺灣、其他省九大系，但以潮州人最多，約占60％以上，所以「潮州話」又稱「唐人話」，前中華民國第一任僑務委員長鄭彥棻先生於訪問泰國歸來曾說：「潮州話幾成為泰國國語」。

追溯華人移民歷史，潮州人到達泰國應在公元九世紀的唐代，那時泰族還未進入現在的泰國建立國家。被泰國尊崇為對國家最有貢獻的八大帝之一的達信鄭昭就是潮州人，他在位時間雖不長，但自家鄉移去了很多鄉親，在歷代王朝中潮州人擔任重要官職的不勝枚舉。

第二節　泰國華僑教育的萌芽與成長

前述華民移民潮中，綜其原因不外是中國改朝換代、政治動亂、天災、戰禍、饑荒等逼著善良的人民揮淚離家遠走海外逃生。出走時多是「赤手空拳」，既無資本，也無技術，更無外語能力，其中絕大多數還是目不識丁的文盲。到如今海外社會還流傳著一句話：「我們的祖先是憑著一根扁擔，一條草蓆外加一個小枕頭來海外逃生的，那些讀過私塾或家有恆產者多不會到海外冒險」。移民者絕大多數都是貧苦人家的孩子，以男性為多，遠走海外既可減輕家庭吃飯人口的壓力，如稍有積攢，還可攜回或寄回家鄉改善親人生活，或購地建屋，作娶妻成家的基礎。這些年輕人初到陌生的海外，因語言、生活習慣、安全等理由多以家鄉人為小團體聚集在一起，除方便互相照顧外，更可由先到的「老唐」，指導新來的「新唐」有關安身立命、謀生處世的經驗知識，居本上與外界接觸不多。但時間久了，年輕、聰明者在工作中或休閒時與原住民接觸多了，學會了當地人的語言，對民情風俗也漸瞭解，加上華民多有儲蓄習慣，具備了基本的經濟能力，未婚的華民就有機會和當地女子結婚，生兒育女。初時所生子女不多，以送回夫故鄉交父母養育，但隨著時間的推移，華民與當地女子結婚的越來越多，而南洋女子熱情、早熟，看到華人勤勞、節儉、負責又有養家能力，尤其會討好妻子，極願嫁作華人妻。泰國就傳頌著一句話：「嫁洋人戴珠璇，嫁華夫吃不完，嫁泰男會挨餓，嫁戛拉（印度人）屎尿流」。在華民與異族通婚普遍，子女人數增多，送回家鄉已非上策，於是子女教育問題因應而生。

一、**萌芽時期的華僑教育：**華人聚居最多的東南亞地區，據史料顯示，到宋元以後才出現部落統一建立國家的局面，而形成較穩定國家已是明清時代，而華人社會從唐宋時期就已逐漸形成。有人說：「有三家歐美人就會蓋一間小教堂，但只要有兩家華人就會設一間私塾」。私塾可以設在家中、宗祠、廟宇或租一間房舍，擺上桌子就成，學生來源就是適齡兒童，對於性別、種族並無嚴格限制，費用尤其低廉。教師可到家鄉找落第秀才或星相筮卜先生。教材更是中國私塾已使用幾千年之三字經、百家姓、千字文、幼學瓊林、千家詩、尺牘、四書五經等，完全授權「先生」視學生年齡、程度而定。教學方法以背誦、習字為主，對課文不作講解，均用方言（粵語、閩南語），與國內之私塾方式相仿。方言是大家共同的母語，但母語和母語文是有區別的，需透過私塾的教育，才能使兒童在既有的母語基礎上習得母語文。母語文的重要性關係著民族的存亡，長居海外的華民為防堵兒孫被異族同化，事業需人繼承，更特別重視母語文的教育，因唯有母語文的教育成功，配合母語方能確保本族社會內部交流的暢達，也才能體現本民族對外民族交流的特徵。

自華僑社會在唐宋時期逐漸形成後，私塾教育就開始萌芽，與後來的義學、書院形成舊式華文教育的主要形式。它伴隨著同鄉或同宗之間祭祀、婚喪禮儀、傳統節慶等對華裔兒童起到了潛移默化的作用，也發揮了傳揚中華文化的功能。雖然這種舊式的華文教育因師資、教材、教法、設備等都有其局限性，但在海外卻是星羅棋布地分散在世界各地的華人社會，綿延著中華文化的香火，也凝聚著華人根深蒂固的鄉土心、民族情及愛國精神。

二、**成長時期的華僑教育**：當私塾教育普遍、壯大，發展成義學、書院就是華僑教育明顯的成長。據史料記載：十七世紀的一六九〇年（清康熙二十九年）在印尼的巴達維亞（今雅加達）就開辦了「明誠書院」，這是海外華僑舊式學校有文字記載的開始。一七八二年（清乾隆四十七年）暹邏（今泰國）大城府也出現了「閣良書院」，學生有兩百多人，均為男生，全天教授華文，泰國第四王朝（即今之拉瑪王朝）一世皇政府未有任何管制（泰國教育部特別教育廳檔案）。一七八六年（清乾隆五十一年）馬來亞檳榔嶼曾發現華僑教師張理之的墳墓，碑文記載他是自中國來此地華文書院的教師。一八一九年（清嘉慶二十四年）檳城建立了「五福書院」，一八八八年（清光緒十四年）又創辦了「南華義學」。一八二九年（清道光九年）新加坡已有了三間有規模的私塾書院，後來又創辦了「崇文閣書塾」和「萃英書院」。類似的書院學校在緬甸、美國、加拿大都有。印尼、泰國是世界上華民最多的國家，各有華民千萬，在進入二十世紀一九〇〇年之前，印尼全國已有四百三十九間具規模的私塾、義學和書院。一八五二年（清咸豐二年），美國傳教士江國新受基督教會委托，在曼谷對岸的呑武里辦了一間華文學校，學校還得到暹羅拉瑪四世王及美國教會的批准。此時期西方傳教士為了傳教，已在暹羅建立了多所正式的學校，學校的學制、課程、教師，都是根據西方各列強國教育的延伸，暹羅政府完全無限制。華僑中經濟能力較佳者都送子女到教會學校就讀。此時，暹羅自己的教育還是依賴寺廟的僧侶，正式的學校教育尚未開始，直到十九世紀拉瑪五世王朱拉隆功才逐漸推動。

華文教育的興盛動力，是華僑人口的增加、華僑經濟力的增強、華僑社經地位的提升。華僑看到歐美各國在東南亞各國辦得有聲有色的「教會學校」，無論是校政經營管理、教師專業、教學方法等均可借鏡。尤其日本在一八六七年（清同治六年）明治天皇即位後，開啟了富國強民的明治維新序幕，大大地刺痛了滿清政府中的官員及愛國知識份子，學洋務、興學堂、廢科舉、搞維新的呼聲響徹中華大地。一八九八年（清光緒二十四年）清政府為革新教育制度，頒佈了《欽定學堂章程》，將傳統的「私塾」改為「新式學校」，廢除已行之千餘年的「科舉取士制度」。於是中國各地的新式學堂如雨後春筍般出現，也帶動了海外華僑教育的蓬勃發展。泰國曾受西方教育的僑領蕭佛成得潮、客、廣、瓊、閩各僑團的支持創辦了「新民學堂」，是暹羅第一所正式的華僑學校。

一八九七年（清光緒二十三年），孫中山在日本橫濱開辦新式學堂「中西學校（後改大同學校）」。一九〇五年（清光緒三十一年）孫中山聯合黃興領導之「華興會」等在日本東京成立「中國革命同盟會」，接著在東南亞多國設立同盟會分支部；一九〇八年（清光緒三十四年）在暹邏曼谷成立分會，一九〇九年（清宣統一年）創辦「華益學堂」，校址在泰京廣肇別墅內。同盟會的分支部都由知識份子領導，協助華僑創辦新式僑校或書報社，作為革命宣傳基地，鼓舞華僑革命思潮。在推翻滿清的前後十次起義行動中，華僑居功厥偉。到二十世紀初暹羅的華僑學校更蓬勃發展起來。一九一二年（民國一年）中華民國建立後，極大地激發了海外華僑的辦學熱情，暹羅各地的華僑紛紛創辦學校，更可喜的是華僑女子學校也同時興起。此時期的華僑學校特色是全屬「小學」。到一九二五年（民國十四年）泰京培華學校開辦初中，此後多所小學升格為初中，一九三八年（民國二十七年）泰國中華總商會所辦的中華中學還升格辦高中。總言，在一九三〇年前（民國十九年），泰國的華僑學校呈直線上升趨勢，迄一九三二年（民國二十一年）君主立憲時華僑學校計一百一十七所。

第三節　泰國華僑教育與學校的興衰

一九一〇年（清宣統二年）拉瑪六世王瓦棲拉兀（一九一〇－一九二五在位）繼位，一九一八年（民國七年），暹羅頒布「暹羅民立學校法」，也稱民校條例，其中的某些條款對華僑學校有很大的箝制，主要堅持有兩項：一是要求中文學校需聘泰人為校長，二是中文學校每週要加授泰文教學時間。不過，民校條例在頒布之初，執行並不嚴格，對華僑學校的設立影響不大。一九二一年（民國十年），暹羅政府又頒布了「暹羅強迫教育實施條例」，條例規定依國籍法，凡出生在暹羅的華僑子女，都是暹羅人，七至十四歲必須接受泰文初小四年的強迫教育，以普及國民教育。所幸條例頒布時受到華僑的反對，在最初的十年政府也未在華僑學校貫徹實施。一九二五年（民國十四年）拉瑪六世王崩世，王儲也於當年突逝，由原是王位繼承第二順位的王弟巴差提朴繼承王位，為拉瑪七世王（一九二五－一九三五在位），他即位不久就遇到世界經濟大蕭條的危機，暹羅亦未能倖免。這位從小在歐洲受教育長大的年輕國王，為了節省國家開支，解僱了大量宮中勞力，這一舉動引發了民怨，在外有經濟危機，內有民怨的雙重壓力下，再加世界大戰民主浪潮高漲，導致了一九三二年（民國二十一年）六月二十四日暹羅發生政變，要求君主立憲，實行內閣制，閣揆總理由民選產生。首任總理「披耶瑪奴巴功」侯爵領導的內閣新政府給國王兩個選擇：「一、把權力交給議會繼續做君主立憲無實權的國王。二、直接退位」，巴差提朴七世選擇了保留王位。並發布了當時著名的宣告：「為了使成立君主立憲政府的過程，能夠儘可能柔和地進行，我同意成為一個傀儡」。一九三二年（民國二十一年）十二月十日泰國第一部新憲法頒布。但首任總理未及一年即去職，繼任者第二任總理披耶帕鳳上校，更進而削弱王權，且外交極端親日，與日本簽訂友好條約，拉瑪七世王憤而於一九三五年（民國二十四年）三月二日退位，移居英國，王位由侄阿南塔瑪希敦繼承，已退位的七世王於一九四一年（民國三十年）五月三十日在英國逝世，享年四十七歲。此年底日軍偷襲美國遠東海軍基地珍珠港，挑起太平洋戰爭，美國向日本宣戰，日軍迅即進兵暹羅。總理披耶帕鳳任職五年一百七十八天，是一位極端民族主義者，他取得政權後特別強調對華僑子女進行思想文化上的「泰化政策」，提出普及教育列為六大政綱之一，並嚴格執行「強迫教育實施條例」，其做法如下：

一、命令華僑學校辦強迫班。
二、華文學校學生年齡在七－十四歲者必須進強迫班。
三、華文學校強迫班每週必須學習泰文二十五小時。
四、華文學校教師的泰文考試程度由初小三年級提高到初小四年級。
五、確定華文僅處於一種外國語文地位。

新政府還經常派遣調查員視察全國各地華文學校，如果認為那些華文學校違反規定，便勒令停辦。因此，在一九三三年（民國二十二年）－一九三五年（民國二十四年）年間，被政府查封的華文學校多達七十餘所。儘管如此，主持華文學校的僑領還是想盡各種方法，與政府斡旋、抗議或鑽法律漏洞，以不受條例制約的補習班、十四歲以上、中學部、專修班等照常教授華文。不僅如此，自一九三六年（民國二十五年）年底到一九三九年（民國二十八年）年初，還突破困境新開辦了多所華文學校，使華文學校增加到三百所。

一九三八年（民國二十七年）華裔鑾披汶頌堪元帥發動政變，奪得政權出任第三任總理，從此政變不斷，總理職位幾乎都經由政變取得。一九三八年（民國二十七年）十二月十六日鑾披汶頌堪就任後，其親日政策及極端民族主義更是激進，他戮力推動「大泰族主義」，以狹隘的民族思想實行泰化運動，一九三九年（民國二十八年）八月改「暹羅」國名為「泰國」。為了實施親日的外交政策，鎮壓華僑的一切抗日組織和活動，逮捕和驅逐出境幾千有抗日嫌疑的華僑人士。一九四一年（民國三十年）初劃定十個府為華人禁區，作為迎接日軍的準備，把世代居住在禁區內的華人全部趕走，藉口是為泰人保留職業條例，又嚴厲打擊華僑工商業，極力摧殘華文報紙及華文教育，理由是華僑及華文學校支援中國政府對日抗戰，違背泰國的外交政策。一九四〇年（民國二十九年）先停辦五十一所較有規模的華文學校，次年再將剩下的兩百四十餘所華文學校全部封閉。並下令所有華僑適齡子女一律接受泰文教育，如有違反，學生及家長輕者罰款，重者監禁。學校被關閉，華文教師全部失業，眾多華文教師生活頓時陷入絕境，為了生存，部分教師轉向其他行業，更多的經泰北潛逃回中國參軍抗日。一九四一年（民國三十年）十二月八日，日軍偷襲美國遠東海軍基地珍珠港，太平洋戰爭爆發，稍後日軍進兵泰國，鑾披汶頌堪政府作樣子抵抗，日軍迅速進占首都曼谷，華僑生命財產遭到嚴重損失，至此全泰國已無華文學校存在，所以，一九三九年（民國二十八年）－一九四五年（民國三十四年）是泰國華文教育史上的最黑暗時期。

第二次世界大戰中，泰國是東南亞國家唯一和日本結盟的國家，跟隨日本向同盟國宣戰，當戰爭結束，泰國實際上成了戰敗國，應負戰敗國的責任。但得戰勝國中華民國的斡旋獲美國的支持，以泰國雖曾經向同盟國宣戰但未出兵參戰，且反日的自由泰領導人在中國陪都重慶組織流亡政府，可免戰敗國之責。戰後，自由泰執政，對外實行和平外交，對內執行民主化政策，對華僑的活動採取寬鬆放任的態度，華僑本有強烈的辦學願望，得此機會便積極興辦華文學校。二戰後拉瑪八世王繼位但未加冕就職期間，泰國軍人長期把持政權，政府更迭頻仍，一九四四－一九四七年的四年間，政局極不穩定，更換了七個總理，其中第五任他威汶耶革在職僅十七天。一九四六年（民國三十五年）中華民國與泰國建交，國民政府與泰國簽訂「中暹友好條約」，條約規定「此締約國人民取得依照彼締約國之法律章程，享有設立學校、教育其子女之自由、暨集會、結社、出版、典禮、信仰之自由」，這項條約使全泰華僑燃起辦學熱，致一九四六年（民國三十五年）年底全泰僑校小學已達五百餘所，次年中學、師範也次第興辦，促成了泰國華僑學校的全盛時期。但時值中國國共內戰燃起，泰國政府雖與國民政府維持友好關係，但國內民族主義抬頭，共黨潛伏份子藉機推波助瀾，遂使華僑學校遭到的限制與日俱增，因此前華文教育須受「民校條款」及「強迫教育實施條例」的約束，中、小學停辦者不少。泰國政府宣稱是為防堵共黨份子埋伏華僑學校滲透滋事。中華民國政府為鬆綁其約束，派駐泰官員與泰國教育部談判磋商，達到三項協議：

一、初級小學七歲須入強迫教育班兒童，每週教授華文時間增至十點五小時，二年級增至十一點五小時，三、四增至十二點五小時。

二、關於華文教師資格，不是教授泰文的教師不再需要參加泰文考試，但其所授之課程，應有合格之證書或學位。

三、允許男女生同校。

經過這一協議，泰國華僑學校和其他東南亞國家華文學校一樣受到很大鼓舞，紛紛復辦、或創辦華文學校，如南洋中學、潮州中學、介石中學、育民學校、進德學校增設師範班。尤其南洋中學，位於曼谷，一九四六年（民國三十五年）二月籌備，五月開學設有小學、中學、夜間、師資培訓、文科專修、泰文高中等六部，學生一千五百多人，算是泰國最大的華文學校，為弘揚中華文化，培養兼通中泰文化的人才做出了貢獻。

隨著華文教育的蓬勃發展，一九四五年（民國三十四年）年底，泰國華文教育熱心人士，成立了「泰國華僑教育協會」，許元雄、吳剛先後當選協會主席，走訪各校聯絡溝通，努力延聘僑校教師，舉辦教師培訓班、出版教育通訊報導各地僑校消息，也常發表評論僑校教育的文章。到一九四八年（民國三十七年），在泰國教育部註冊的華文學校已達四百二十六所，學生六萬多人，創造了泰國華文教育的最輝煌時期。

前述泰國自實行君主立憲後，民選多數黨魁出任總理，總理任期四年，但常因軍人政變奪權，頻換內閣。一九四七年（民國三十六年）十一月，曾任第三任總理的鑾披汶頌堪再次發動政變第二次重掌政權，時值拉瑪九世王蒲美蓬於一九四六年剛繼位，尚未加冕就職，新政府即大力推行反華、排華之大泰族政策，明顯與中華民國政府為敵。除加緊對華僑的控制，對華文教育則採取堅決取締的政策。一九四八年（民國三十七年）三月一日鑾披汶頌堪就職，五月通令全國華僑學校八條禁令：

一、凡是華僑學校須遵照〈民立學校條例〉辦理註冊，未經註冊者一律不得上課。
二、華僑學校的華文課至初小四年級止，每週授課時間不得超過十小時。
三、華僑學校的董事長與校長必須是泰國人。
四、華僑學校教師必須經過泰文考試及格，持有教師證方得任教。
五、華僑學校須使用泰國教育部編訂之華文教材，其中對中國歷史、文化、習俗等均不准提及。
六、華僑學校教師在華僑學校之間調動，須事先經泰國公安局核准。

七、華僑學校停辦，校舍被焚或被迫遷校，均不得另建。

八、僑辦小學一律改稱民辦小學，一切校務和教學活動必須受泰國教育部民校局的管轄監督。還需遵照下列三項規定：

1. 今後不容許設立新的華僑學校。

2. 從一九四八年－一九四九年學年起不准續辦中等華文學校。

3. 全國華文學校的數量只保留一百五十二所。各府華僑學校限制數目為：曼谷八所，吞武里、清邁、洛坤、烏汶谷各三所，其他各府每府兩所。如此限制下，華文學校由一九四八年（民國三十七年）的四百二十六所減少至一百五十二所。

一九四八年（民國三十七年）泰國政府又製造了「六一五」事件，六月十五日晨政府派警察包圍設在曼谷的華僑教育協會和南洋中學，當場逮捕五十三人，緊接著又關閉了中華中學及南洋中學，黃魂中學等多校則被勒令改為泰文中學。至此，泰國已無華文中學，華文小學必須嚴格按照民校管理條例向教育部進行登記，否則一律吊銷執照，

泰國政府的目的在於逐步消滅華文教育，所以用各種理由刁難取締華僑學校。到一九五一年（民國四十年）全泰國華僑華文學校只剩兩百三十所，且均是小學。進入五〇年代，中共配合蘇共大量輸入共產主義，泰國是君主立憲國家，對無產階級專政的共產制度極端敏感。一九

五四年（民國四十三年）泰國政府以防杜共產黨份子滲透教育為名，由警察局負責華文教師的個人檔案履歷及政治思想，以加強對華僑學校的控制。並修改民校條例，嚴格規定：

一、不准華僑學校增辦申請。
二、不准增加原有華僑學校學生名額。
三、華僑社團開辦的華文學校，不准以法人名義註冊為校主。
四、校主必須是三代泰籍之人。
五、校址遭地主迫遷或校舍遭火災所焚毀，皆不准遷移或另建。
六、華文師資一律嚴格審查，領有長期執教證的教師，轉校時也不能例外。

這些做法，使得華僑學校從董事、校長、教師人心惶惶，隨時有坐牢的恐懼。華僑學校屬民辦性質，全靠華僑齊心協力，克服困難，政府的措施捆綁住華校的手腳，使之無法動彈，只有任其衰落，到一九五五年（民國四十四年）華文小學只剩兩百一十七所，一九五六年（民國四十五年）再減至一百九十五所。一九六〇年（民國四十九年）泰國政府又公布「發展國家教育方案」，推行七年制義務教育，將原來四年制的強迫教育延長為七年，規定華僑華文學校於三年內逐漸減少華文教學時數至每週只有五小時，此項政策引發各華僑學校董事、華人社團的恐慌，聯名向教育部請願，請求允許保持原狀，後經核准不受政府津貼的華文學校每週可教授華文十小時。然而學生家長擔心學生將來升學會有問題，乾脆放棄華文轉讀泰文學校，致使華文學校學生減少，學校只好關門，迄一九六〇年（民國四十九年）年底華僑學校只剩一百七十七所，到一九七二年（民國六十一年）僅剩一百六十二所（日校一百四十六所，夜校十六所）。

泰國政府為了同化華僑，限制和削弱華文教育是政策之一，也是自君主立憲後歷屆內閣政府的長期計畫和目標。但還嫌已公布實施的條例不夠，一九七八年（民國六十七年）教育部再頒布新令：

一、全泰國中小學校實行「六三三制」，即小學六年，初中、高中各三年，同時把一九四八年（民國三十七年）以來採用的一學年三學期制改為兩學期制。

二、准許教授華文的民辦小學由四年制延長為六年制，但五、六年級不准教授華文，以每週教授五小時英文代替華文課。

三、允許教授華文的學校，小學一、二年級每週只能教授華文五小時，原有的三、四年級每週仍可照舊教授華文十小時，以後逐年減少。

到二十世紀八〇年代，泰國教育部又規定全國中、小學實行新學制，華僑學校可設五、六年級，但只准教英文，初小一至四年級，每週只准教華文五小時。全國公、私立學校每週教學五天，星期六和星期日停課。

泰國政府如此接續不斷對華文教育採取限制打壓政策，根本原因有二：

一、當局把箝制華文教育視為對漢民族推行同化政策的重要策略，必須竭力將華文學校從思想到語言上改造，促使華裔加速融合於泰國社會。在這種思想指導下，華文課時越多，就越增加不利融合的因素。在執政者眼裡華文教育成了實行同化政策的障礙物。

二、當時赤色共產思想正熾，中蘇共大量輸出共產主義，泰國政府視華文是「社會主義語文」，有害國家安全。鑾披汶頌堪雖是華裔，但也是堅強的反共者，為遏止共產主義思想蔓延泰國，特別制定「防共條例」，並將華僑學校視為傳播赤色思想的溫床，必須嚴加管控。一九四八年（民國三十七年）三月一日，鑾披汶頌堪政變第二次執政，至一九五七年（民國四十六年）九月十七日共掌權八年兩百天，（第一次執政自一九三八年（民國二十七年）十二月十六日至一九四四年（民國三十三年）八月五日共五年兩百三十三天，因親日外交政策下臺），泰國這種恐共政策依然存在且延續至一九八〇年代，對華文的限制不僅沒有放鬆，並將華文看作危險的產物，是共產黨社會主義語文，其存在會危害泰國國家安全，甚至把華文列為「教育違禁品」，因而嚴限所有學校教授華文，也不准補習華文。

①	④
②	⑤
③	

①泰國佛寺前金剛守護神。
②泰北山巒中的佛寺。
③泰國佛像金箔護身耀眼奪目。
④⑤泰北清萊往清邁途中重要景點「白佛寺」。2000年始建預定100年完成。

第四節　振興泰國華文教育專案

一九九八年（民國八十七年）四月，泰國九屬會館首長組團回國訪問，十日拜會李登輝總統，客屬總會理事長廖梅林，提請政府協助振興泰國華文教育，補助美金一百萬元。李總統表示：當年政府推行義務教育，僑胞紛紛回國建校興學，支持政府，許多地方都看到「僑光」等以「僑」字做校名的學校，就是僑胞愛國最好的證明，現在政府能力所及，僑胞為發展華文教育，有所要求政府應予回饋。在獲得李總統補助美金一百萬元，即與僑委會駐泰國僑務專員李時昌多次開會研商討論，決定一百萬美金用作：

一、舉辦師資培訓、編印華文教材。
二、改善僑校教學設備及整修校舍。
三、改善華文教師福利。

擬定「振興泰國華文教育專案」計畫，泰華九屬會館首長委託李時昌僑務專員按計畫執行。

一、召開泰國華文教育會議：一九九八年（民國八十七年）十二月二十六日，假曼谷波恩酒店舉行，邀請全泰國從事華文教育學者、教授、專家、華校校長、教師代表一百七十餘人，來自八十三所華校，共聚一堂討論，推廣「振興泰國華文教育專案」實施辦法。

二、舉辦華文作文演講比賽：為鼓勵學生學習華文興趣，在全泰國曼谷、清邁、清萊、合艾，四大區分別舉行。華校師生熱烈參與，達到鼓勵學生學習華文目的。

三、舉辦師資培訓班：一九九九年（民國八十八年）四月一日至四月三十日，委託泰國華僑崇聖大學主辦，全泰國六十位華文教師報名參加，授課教師由僑委會自臺北選派，傳授教學經驗與教學方法，提昇教學水準，達到短期培訓目標。

四、鼓勵華裔青少年回國學習華語，頒發獎學金：全年度回國參加華裔青少年語文中心研習學生，發給獎學金每位美金兩百元，共九十四位成績優良學生。

五、遴選華校教師，到臺北參加短期教學研習：為鼓勵從事華文教學老師，認真教學提昇教學水準，一九九九年（民國八十八年）四月十日遴選華文教師三十人到臺北觀摩研習，另五月二十一日再度遴選三十八位華文教師赴臺研習，收獲豐碩。

六、臺灣教師來泰國輔導泰國華校教學：僑委會選派教師二十位，到泰國十所特殊地區華校，示範輔導教學二個月，協助製作教案，改進教學方法，提高教學水準。

七、補助泰華九屬會館華校、曼谷地區、及偏遠地區華校經費：為改善華校教學設備及修善校舍，每校補助美金一萬元，全泰國共有一百二十九所華校，遴選標準：

1. 推展華文教育之學校。
2. 配合僑委會推動華文教育活動。
3. 經泰國華校校長評鑑排名，優先學校。

4.特殊狀況華校。

全泰國三十九所華校及一所華文班入選。共發給美金三十九萬五千元。

八、翻譯、加印《五百字說華語》、《一千字說華語》各一萬本、製作錄音帶各類千套，提供華校作為教材。

九、成立華文教育輔助基金：定存美金三十萬元，孳息長期作為獎勵華文教師，急難救助及推動華文教育有關活動。基金定存中國國際商業銀行曼谷分行，孳息交由「九屬會館振興泰國華文教育委員會」統一運用。

教育為百年大業，「振興泰國華文教育專案」實施，僅是加強推動泰國華文教育之開始，百尺竿頭，需泰華各界共同支持，始能發揮更大成效。

中共也因泰國孔子學院與孔子課堂，協力推展華語文教育有了成效，使華文漢語教育有了新的變化。最明顯地是泰國政府對華語文教育從政策放寬到鼓勵支持，具體條列如下：

一、學校方面：

1. 華文民校可以從幼稚園連續辦學到中學。
2. 華文學校可以利用課餘時間，增加課時教授華文。
3. 可以直接從中國或臺灣聘請教師。
4. 各個年級的學生可以選修華文。

5.把華文列入國立大學考試的一門科目。

二、課程方面：學校積極開設華文課程和華文專業，並隨著世界各地區華語學習的熱潮，泰國政府對華語文教學事業更高度重視，準備二〇〇八年（民國九十七年）在全國中小學普遍開設華語課程，有的學校還將華文課程列為必修課。

三、積極開辦各種華文業餘學校、夜校及培訓班。

四、中國國家漢語國際推廣領導小組辦公室，與泰國大學簽署合作建設孔子學院意向書。

隨著新世紀的到來，海峽兩岸政府或民間，均對泰國的華文教育著力甚深，已逐漸改變泰國政府、人民對華文漢語的觀念，迎來了華文教育發展新的黃金時期。

臺灣熱心泰北華教錢秋華女士與華校校長及中國電視公司記者合影。

泰國華文學校學生快樂學習華語文。

第四章 泰北地區的華文教育

第一節 國軍變流落異域孤軍

世事難料，國運多舛，一支曾戰勝日本強敵的國軍，不到五年，國共內戰逆轉，一九四九年（民國三十八年）十月一日中共在北京建政，中華民國政府遷臺。原駐防雲南的李彌第八軍及余程萬二十六軍，因雲南省主席盧漢於十二月九日變節投共，一九五〇年（民國三十九年）一月陳賡、林彪率共軍大舉入滇，兩軍往滇南敗退，受命防守國軍撤退要道元江鐵橋的第八軍一七〇師師長孫進賢叛變投共，國軍約六萬人在元江絕境被共軍殲滅。第八軍二三七師七〇九團李國輝團長率部突圍衝出，剩約七百人。一九五〇年（民國三十九年）年初進入緬甸，在緬東「孟棒」與第二十六軍九十三師二七八團譚忠部會合，共約一千五百人。原計畫通過中南半島北邊的叢林經泰國回臺灣，但與臺灣取得聯絡後，發現計畫難以執行而取消。五月雙方部隊協議改編為「中華民國復興部隊」，李國輝任總指揮，譚忠為副，時有散兵游勇參加，人數增至約四千人。緬甸政府初期對孤軍不以為意，國防軍總參謀長尼溫在南撣邦「景東」舉行記者會，表示緬軍會盡快解除孤軍武裝，防止中國的反共武力侵犯緬甸。同時限令孤軍一個月內離開緬甸，孤軍總指揮李國輝不予理會，於是，雙方在一九五〇年（民國三十九年）六月三日舉行談判，未能妥協，緬軍拘禁兩位孤軍談判代表丁作韶、馬鼎臣，談判破裂。緬軍於六月八日發出最後通牒，而李國輝則要求緬方釋放談判代表，不准緬軍進入大其力地帶。到七月中旬緬軍約兩萬兵力配以空軍以砲兵攻擊孟果、大其力孤軍，數次進攻均被李國輝部擊退，緬軍陣亡約兩千人，傷約四千人，尤其孤軍以高射炮擊落緬軍軍機，使空軍司令陣亡，孤軍僅四百零八人陣亡，六百零二人受傷。孤軍大敗緬甸國防軍的消息引起東南亞國家各媒體報導，頓時聲名大噪，李國輝成了戰神，在臺灣已復職的蔣中正總統更高度重視。繼有大批雲南、貴州、廣西反共游擊隊湧至，人數逾兩萬，後續又有大批難民、眷屬、離散官兵逃難入緬，壯大了聲勢，蔣中正總統決定藉助這股力量反攻復國。

一九五〇年（民國三十九年）夏正當孤軍為存亡與緬軍血戰大其力之際，韓戰爆發，已遷臺的國民政府認為是反攻復國的最好時機，派原第八軍軍長李彌中將潛入，孤軍士氣大振。經整頓、編組，於一九五一年（民國四十年）四月成立「雲南反共救國軍」兩個師，直屬中華民國國防部，蔣中正派李彌中將為總指揮，副總指揮呂國銓、李則芬、柳元麟、蘇令德、李文彬五位將軍，在緬東「猛撒」建立基地，加強戰力。一九五一年（民國四十年）夏揮師反攻雲南，光復十餘縣，並在滄源建立「國民政府雲南人民反共救國軍」軍事指揮所。後因共軍增援，敵眾我寡，補給缺乏，功敗垂成，只好撤軍入緬。

一九五一年（民國四十年）十月五日成立反共大學，李彌為校長，蘇令德副校長，李則芬為教育長。分設軍官、學生、政工、財務、行政、通訊、機炮等七個大、中隊，訓練幹部。任命段希文、李文煥、劉紹湯為幹部訓練大隊大隊長，加強戰備。一九五三年（民國四十二年）三月，緬軍再出動七千餘人在中共的協助下攻擊孤軍，再遭孤軍擊敗。此時期孤軍已擴展約五萬人，可謂風雲際會，士氣高昂，一片中興氣象，俟機再反攻大陸。

然國運多舛，時值共產主義氣焰正熾，國際姑息主義瀰漫，一九五三年（民國四十二年）緬甸與蘇聯向聯合國控告中華民國軍入侵，聯合國秘書長宇丹乃緬甸籍受理此案，經聯合國大會決議，要求孤軍放下武器，退出緬甸。美國政府也向中華民國政府施壓，遂在泰國曼谷的「中美泰緬」四國會議上達成協議，撤銷反共救國軍番號，部隊限一九五三年（民國四十二年）年底至五十四年五月前撤往臺灣，此乃孤軍第一次撤臺行動。但撤軍時李彌擬定天、地兩案，經蔣中正核准，明為撤軍，實則在當地繼續發展武力，與中共抗爭，和緬軍作戰。因李彌在國際壓力下奉令調返臺灣，改派副總指揮柳元麟升任總指揮，繼續留在當地發展游擊武力，設總部於緬東「賴朗」，改名「雲南人民反共志願軍」。整編成五個軍，第一軍軍長呂人豪、第二軍軍長甫景雲、第三軍軍長李文煥、第四軍軍長張偉成、第五軍軍長段希文。一九五三年（民國四十二年）七月蔣中正派蔣經國前往視察，孤軍裝備的槍砲是自臺灣運去的新式美製武器，證明國府對孤軍的重視。一九五五年（民國四十四年）一月緬軍再發動「楊芝昂」攻勢，志願軍稱為「緬東基地保衛戰」，此後孤軍曾多次與緬軍及國際共黨交火，戰績輝煌，總部也先遷緬泰邊境「老羅寨」，再於一九五七年（民國四十六年）一月將總部遷往「江拉」。

一九六〇年（民國四十九年）緬甸政府與中共簽署邊界條約，在共軍與緬軍聯合進攻下「江拉」之戰失利，孤軍撤至緬、寮邊界。但緬甸對邊境這支反共武力，非常焦急，自己無力解決，再央請美國支持向聯合國申告，因美援武器曝光導致美國對中華民國政府施壓，蔣中正總統面對國際輿論壓力，再次表態撤消「雲南人民反共志願軍」部隊番號。復經聯合國決議，迫國民政府於一九六一年（民國五十年）第二次撤軍回臺。此時期國府所受國際壓力更大，為保聯合國席位，不得不向國際宣告，「國民政府與當地軍人不再有任何聯繫，以後與中華民國政府無關」。

雖經兩次撤軍，但仍有約萬名官兵，受多種因素未能撤臺，留下的孤軍多數都是雲南籍，因思鄉情濃，仍然遵照「明撤暗留」指令，由李文煥、段希文兩位軍長改編成第三軍、第五軍。因孤軍在緬境已無立足之地，只能轉進泰、寮邊境蠻荒山區，苦撐待變。第三軍李文煥部，以清邁府唐窩為基地，部隊分駐清邁府邊界各據點。第五軍段希文部，以清萊美斯樂為據點，部隊分駐清萊府邊界各據點。兩軍就地建村，安置眷屬，為反共大業繼續奮戰。

泰北孤軍歷任指揮官

李國輝將軍

李彌將軍

柳元麟將軍

段希文將軍

李文煥將軍

雷雨田將軍

第二節　泰北難民村的由來

第二次撤臺時未撤離的三、五兩軍，成了「泰北孤軍」，其統轄權歸於泰國政府，泰方稱之為「國民黨中國軍隊難民」。入泰之初，軍方劃地供居，實行嚴格管制，行動受限，崇山峻嶺，毒蛇猛獸，既無良好耕地，又乏謀生技能，只能以原始刀耕火種，艱苦度日，處境險峻。此時泰、寮邊境因共產赤禍泛濫，各少數民族成了反政府共黨武力，盤據泰北。泰共燒殺搶劫，破壞交通，狙殺官員，經常襲擊軍警，造成傷亡，嚴重影響地方治安，對國家與皇室造成嚴重威脅，泰國政府經十餘年無力敉平。泰國政府收編三、五兩軍協助軍方清剿泰共，孤軍認為是絕處逢生機會，擔起前鋒蕩剿艱鉅任務，歷經多年浴血奮戰，方敉平泰北清萊、清邁泰共，屢建奇功。一九八一年（民國七十年）年初，三、五兩軍再合組「義軍突擊隊」四百人，由曾任三、五兩軍參謀長，曾協助泰國軍方剿共立下戰功的陳茂修將軍擔任指揮官，楊國光任副指揮官。經短暫訓練，加入泰國第三軍作戰序列，經二十餘日苦戰，終克考柯、考牙苗共十餘年巢穴，澈底解除泰國政府之憂。孤軍立大功於泰國，戰果震驚泰國朝野，泰皇蒲美蓬親臨醫院慰問作戰官兵，迅得泰皇恩賜，政府包容，准予孤軍及眷屬約十萬人歸化泰籍，在泰北各府設村解甲，成立學校，謀生發展。故考柯、考牙戰役是泰北孤軍的重大轉機。

滯留泰北孤軍，先後在清萊、清邁、密豐頌等約三倍臺灣的半原始山區，建立了九十一個難民村（清萊五十五村、清邁二十七村、密豐頌九村）。自一九六一年（民國六十年）第二次撤軍至一九八一年（民國七十年）的二十餘年間，在臺灣的國民政府既無補給亦無聯繫。初期，泰國政府曾要求孤軍強行解除武裝，後因緬、寮共黨不斷滲透，進犯泰國邊境，國際共黨大量輸出共產主義，欲赤化泰國，泰國境內苗共日益坐大，情勢險惡。泰國軍方利用三、五兩軍駐守邊防，孤軍時與叛軍作戰，頗具戰功，對泰國邊境安全，貢獻良多，漸得泰方接納，受到重視。孤軍最先建立的十三個難民村受泰國軍方認定，情況稍有好轉，並無太大發展，但隨著歲月推移，難民村不斷增加，情況依然險峻，直到考柯、考牙戰役後，難民們有了身分證，各難民村方出現明顯改變。

一九八〇年（民國六十九年）年六月，第五軍軍長段希文在泰京曼谷倉卒病逝，泰國政府念其堅決反共，協助泰軍剿共建功勳，遺體空運泰北美斯樂，出殯之日有泰軍高級將領上將、中將級二十餘人前往美斯樂寓所靈堂弔祭，其中還有國務院長堅塞差瑪南上將，他將自用的煙斗贈置於段將軍墓前以示尊敬。當時中華民國駐泰「遠東商務辦事處」代表沈克勤將此情況，分報外交部及中國大陸災胞救濟總會谷正綱理事長，谷理事長即派二組組長湯振熹、顧問　鴻賓中將赴泰北美斯樂協辦段將軍喪事，並藉機採訪泰北實況。二入返臺將所見撰文，經谷先生函報總統府，指派救災總會協同僑委會、外交部、中央社等人員攜帶新臺幣一百六十萬元，於一九八一年（民國七十年）九月二十五日前往泰北，歷經一月，訪問各難民村、各據點，舉行座談，深入了解。訪員返臺後將所蒐集的資料詳加研究，針對泰北實際問題，歸納為「急需發展農業、提升教育、改善環境衛生」三大項目，並提報政府相關單位，請積極策劃，有效推展。案經媒體報導，引起國人同情，開啟了中華民國政府與民間對泰北難民村的各項救助工作。

救總為有效落實救助計畫，於一九八二年（民國七十一年）成立「泰北難民村工作團」，設置農技、文教、醫護、急難救助、職訓等專業團隊，並請來國防部外語學校教育組組長滇籍石炳銘中校任科長（石乃雲南拉祜族土司後裔），石建議向國防部借調龔承業上校（龔為雲南梁河南甸大土司三品官龔綬次子），二人均來自泰緬孤軍，深諳泰北實情）。龔初以執行祕書身分率領農技專家、醫師、護士、教師等進駐泰北，石科長則在救總臺北辦公室籌謀支應。救總最先提出的具體措施為：

一、自一九八二年（民國七十一年）年始邀請泰北難民村主要幹部來臺，參加雙十國慶大典、華僑節、臺灣光復節、蔣中正誕辰，國父誕辰等，藉機拜會滇籍中央民意代表，政府各部會及社會熱心人士、企業家、宗教界有力大德，請其伸出援手。

二、由救災總會協調國軍退除役官兵輔導會，請梨山農場支援一萬株各種果苗，運往泰北分配各難民村，並邀請農業專家親赴指導栽種。

三、請政府及民間支援教師、醫生、護士、技藝人士，由救災總會統籌，分批前往泰北獻出愛心。

四、請臺灣栽茶、製茶專家赴泰北勘查山地種茶條件，輔導難民種茶、製茶技術，並提供製茶相關設備，發展難民村經濟。

五、協調三、五兩軍分別在清邁、清萊各設置一個辦事處，指派專人負責連絡協調，及執行救災總會所賦予之救助任務。

救災總會初期採取的緊急救濟措施，以撥款協助難胞購買農耕器具，補助興辦難民子弟學校，初步改善環境衛生為主。旨在撫慰流亡，協助難民定居安身。於執行一年後經通盤檢討，分別緩急，爰定「改善泰北難民村難胞生活、發展難民子弟教育近、中、遠程計畫」循序推展。因當時的難民村住房極為簡陋，全是歪斜的竹籬茅舍，既沒水，也無電，道路狹窄坑坑凹凹，大多數人因營養不良面有菜色，讓工作團人員暗自流淚，晚上失眠。經幾年努力，使住房、電力、道路、橋樑、水源、醫療等有了改善。農牧、茶葉、水果、咖啡、養豬及提供技藝訓練等也有了成效，使難民生活初步有了好轉。

一九八六年（民國七十五年），為因應難民村實際情況需要，必須擴大範圍，擬定了第二階段「泰北難民村就地救濟工作五年計畫」及「後續支援三年計畫」，共八年（一九八六年－一九九四）。其工作重點為；擴大農業發展、強化教育、加強醫療服務、修築難民村水利、道路、橋樑、電力工程、發展畜牧事業、增辦縫紉、車繡手工藝訓練、發放無工作能力赤貧難胞食米、收容傷殘難胞等。全案經詳細評估後，編列經費三億六千萬元，為了這筆預算，行政院主計處還派專人到泰北難民村考察後，再以專案方式向行政院提出申請，最後核定三億四千餘萬元。工作團全體人員，懍於責任重大，在龔團長領導下，莫不戮力以赴。並得到難民村總負責人雷雨田將軍（繼段希文任五軍軍長）、總連絡人陳茂修將軍，泰方軍政首長鼎力支持配合，使救助工作雖經歷了諸多困難後總算完成。

在此，要特別說明，救濟工作的道路雖不能說荊棘重重，但並不好走。瞭解泰北情況的人都知道，前國軍第三、五兩軍是兩股安定難民村的力量，領導階層對難民村有很大的影響力，如果得不到他們的合作，工作必會遭到阻力。這也正是問題的所在，以他們看來，難民村之能存在，是他們付出血的代價換來的，一切外來的救助都應該「透過」他們去執行才對。然而，救總工作團的規定則是要將救助工作直接落實到難民村，除少數特殊狀況外，一概不得假手第三者。兩方立場不同，矛盾於焉產生，雖經協調，幾陷僵局。好在深明大義者也不少，何況工作團的一切作為都是造福大多數難民村，任何人也不敢過分堅持一己之見。在這些矛盾中，首當其衝的就是工作團的領導人龔承業團長了，必須忍辱負重，以「忍人之所不能忍」的心胸，化解岐見，達成目標，而他確實做到了。

泰北地域廣闊，面積約十萬平方公里，跨越泰北四個府，交通極不方便，道路崎嶇，只能步行或走馬。難民村80％以上都位於貧瘠的山區，可耕地稀少，水源奇缺，稻穀農作不易發展。難民村大小懸殊，大的有幾千戶，小的只有十來戶，地域及本位觀念重，大圈圈內有小圈圈，山頭主義明顯，意見紛崎，協調不易。大陸災胞救濟總會龔承業執行祕書，一九八六年（民國七十五年）改制為團長，在泰北擔任救助工作歷二十二年，因他無私奉獻改變了難民村的命運，功在泰北，退休時獲行政院頒「一等功績獎章」。當然，救災總會歷年主政者的無私、積極的支持讓龔團長全力以赴，是計畫成功的最大保證。

回顧救總自一九五〇年（民國三十九年）成立以來，在谷正綱理事長時代，一九五九年（民國四十八年）、一九六四年（民國五十三年），方治秘書長就曾代表谷理事長，兩次親赴泰緬地區探訪難民實況，慰問孤軍義胞，感謝泰國政府庇護孤軍難民。方治秘書長第一次到緬東探訪時，還有中視總經理黎世芬同行，他兩自泰國經寮國再轉往緬甸，沿途道路崎嶇，只有步行或騎馬，黎因墜馬受傷，不敢再騎馬，寧願走路，但途中都是原始森林，人煙稀少，也無客棧旅店，只能借宿簡漏民宅，旅程二十多天，返臺後方治撰「我生之旅」，說是他倆一生中最難忘的經歷。

救總於一九七五年（民國六十四年）設置「泰北難民子弟學校清寒學生助學金」，以輔助難童就地就學。在梁永章理事長時代也曾派荊鳳崗祕書長赴泰北慰問難胞。一九九六年（民國八十五年）郭哲先生當選理事長，正值轟轟烈烈的「送炭到泰北」時期，先有立法委員葛雨琴等五位訪視泰北，投入救援工作，大力發起捐助泰北難民村茅屋改建為磚瓦募款活動，及在立法院提案爭取「滯留泰北老兵領取戰士授田證補償金」修法三讀通過。迄一九九九年（民國八十八年）難民村房屋已改建完成三千餘戶，郭哲理事長親赴泰北清萊美斯樂主持落成立碑，並訪視難民村。二〇〇〇年（民國八十九年）郭哲連任理事長請葛雨琴女士任祕書長，對泰北的救助更為積極，其中以輔導興建「泰北義民文史館」追念泰北孤軍官兵忠貞愛國精神，凝聚泰北華裔族群意識為最具代表。二〇〇四年（民國九十三年）葛雨琴女士當選理事長，請張正中先生任祕書長。張祕書長幾乎每年赴泰國訪視，葛理事長也於二〇〇九年（民國九十八年）親往清邁、清萊多處難民村訪視慰問。二〇一二年（民國一〇一年）張正中先生當選理事長，雖然泰北難民村工作團任務早已告一段落，但是，張理事長每年還是親赴泰北支持「泰北三二九公主盃反毒青年運動會」及發放獎助學金，長期選派臺灣退休校長，到泰北培訓種子教師，提升華文教學品質，藉教育澈底改變義民後裔的命運。

中國大陸災胞救濟總會於二〇〇〇年（民國八十九年），因客觀環境改變更名為「中華救助總會」，二〇〇一年（民國九十年）龔承業團長已屆退休年齡，仍於十二月二十五日在清萊美斯樂原三軍駐地，得泰國政府贈地萬餘平方公尺，以捐資千餘萬，仿臺北忠烈祠興建的「泰北義民文史館」破土奠基，二〇〇四年（民國九十三年）二月二十日竣工，龔團長才安心退休返臺。二〇〇八年（民國九十七年）三月他因心臟病逝於臺北，二〇一〇年（民國九十九年）泰北義民張秉權等捐資鑄作龔君半身銅像，豎立在泰北義民文史館前園區，以資永久紀念。

第三節　發起送炭到泰北翻轉難民村

「送炭到泰北」是二十世紀後二十年，在臺灣的中華民國政府與民間做得最有意義的壯舉。起因是一九六一年（民國五十年）臺灣名作家鄧克保（柏楊）親訪第一次撤臺孤軍李國輝將軍，以非常生動的筆法撰寫成的暢銷小說「異域」，該書封面：「一群被遺忘的人；他們戰死，便與草木同朽；他們戰勝，仍是天地不容！」，書裡作者以第一人稱的筆法述說了國軍受解放軍追擊自雲南元江絕地大潰敗，退向緬甸，與緬軍大戰獲勝，反攻雲南，與緬軍再戰得勝，到被迫撤退回臺。全書雖只有六章，時序六年，但情節太感人，句句扣人心弦。出版後，立刻暢銷，多次再版共銷售超過兩百萬冊，可謂風靡海內外華人社會，影響巨大。一九八二年（民國七十一年），「異域」一書出版暢銷二十年後，作者柏楊應中國時報之邀，親赴泰北採訪孤軍苗裔，寫了報導文學「金三角邊區荒野」，作家張曉風女士也親訪泰北孤軍第五軍駐地美斯樂，讓世人知曉這群被國家遺棄的孤軍，只能靠協助泰國剿共，用血汗換取棲身於泰北荒山的生存權；他們為泰國賣命剿共立功，解甲歸田後，在土壤貧瘠、水源缺乏，交通閉塞的叢莽中建立起難民村，過著半原始的艱苦歲月。而此時的臺灣雖已退出聯合國，但經濟起飛，為亞洲四小龍之首，柏楊等的報導引起國人極大震撼，居於好奇、同情、同胞愛等因素，在臺港地區，甚至海外華人社會，逐漸掀起風起雲湧的「送炭到泰北」熱潮。

「送炭到泰北」是臺灣民間自動發起的愛心活動，其發起人是幾位青年和文化界的熱心人士，如最早造訪泰北美斯樂的韓定國先生、臺北國際同濟會的呂金燕小姐、及該會常任會長吳宏山先生等。一九八二年（民國七十一年）七月中旬，這群發起人在臺北市國父紀念館，舉辦了一場「民歌義演、名畫義賣會」，呂金燕小姐提議將活動定名為「送炭到泰北」。活動請「華美日報」協辦，由陶曉清小姐主持，邀請民歌手王海玲、吳楚楚、趙樹海、邰肇玫、蘇來、楊芳儀、楊耀東、鄭怡、旅行者、Sonata出席演唱。王大空教授、名作家張曉風女士主持義賣。知名藝術家張杰、徐令儀、江明賢、楊英風、楊大霆、李可梅等都捐出作品義賣，場面非常熱烈。因這次活動的成功，打響了「送炭到泰北」的名號。

香港莒光文化服務中心曾醒明等五位年輕人，受「異域」的影響也自動組團於一九八一（民國七十年）十二月第一次踏上被稱為「異域」的泰北探訪，親眼目睹孤軍難民與命運搏鬥的悲慘境況，驗證了柏楊的話。他們回香港後居於同胞愛，響應了「送炭到泰北」義舉。而著有盛名的中國大陸災胞救濟總會，也於一九八一年（民國七十年）親訪泰北難民村後開啟初期的救助工作。

一九八四年（民國七十三年）一月，臺灣演藝界再以「送炭到泰北」名譽，舉辦了有史以來最大規模的義演、義賣活動，幾乎動員了全臺灣演藝人員、新聞工作人員，籌募了一千一百多萬新臺幣送往泰北，轟動一時。繼之，臺灣宗教界、扶輪社、民間社團等也先後發動送炭到泰北的義舉，再經中國電視公司製作的「愛心」節目，臺灣電視公司製作的「為善最樂」節目的催化，及一九九〇年（民國七十九年）電影「異域」的演出，均帶動臺灣民間對泰北難民村孤軍及後裔的人道救援行動。大量捐款、捐衣物、醫療藥品、書籍、教育器材等物資，源源不絕送往泰北，展現了廣大善心人士對泰北義民的愛心與敬意。媒體的力量，銳不可當，救災總會龔承業團長表示：「工作團剛開始在泰北難民村進行救援工作，經費幾乎全部來自中時、聯合、中央、中視、臺視、華視等媒體，及演藝工會募來的善款。政府正式編列預算，是從一九八六年（民國七十五年）「五年救助計畫」開始」。

「送炭到泰北」義舉展開後，參與面迅速擴大，力量如排山倒海，持續約二十年，促使了難民村名聲大噪，體質脫胎換骨，面貌全面翻新，成就了今日泰北是泰國的觀光寶地，有東方小瑞士的美譽。進入二十一世紀，當初以食衣住行，生存、生活為主的濟助，已達階段性目標，但也出現等待送魚吃的依賴現象。有識之士發現難民村要可長可久，需自己學會釣魚的本領，等待送魚來的方式非長久之計，經過集思廣益的探討找到根本的問題是「教育」。所以，送炭到泰北的熱潮逐漸退燒，開始轉向協助難民村發展教育。

為讓讀者較清晰了解「送炭到泰北」的壯舉，筆者先簡要介紹「泰王山地計畫」：因泰北地域廣闊，東西延綿約一千五百公里，跨越泰北四個府，地跨泰緬寮三國，故名「金三角」，二十世紀中葉，毒品泛濫，惡名昭彰，是各種黑社會勢力的競逐場，地上、地下到處充斥著刀光血影。交通極不方便，道路崎嶇，只能步行或走馬。水源奇缺，稻穀農作不易發展。居民多為少數民族，彼此語言不通，教育文化普遍低落，不諳農耕。住民生活貧困，為求生計，遍植「罌粟」，致毒品氾濫，危害人類，世界抵制，幾動搖泰國國本。泰皇蒲美蓬勤政愛民，積極倡導「泰王山地計畫」，決心剷除罌粟，希望住民改種植高經濟果樹、蔬菜、花卉等作物替代罌粟，以改善住民生活。一九六九年（民國五十八年），請英、美、日、韓等國，捐贈該國優良果苗給泰皇，先種植於清邁行宮旁的大浦農場，並號召民間熱心參與，但兩年後不但未見成效，果苗全數枯萎而死。

泰皇伉儷曾於一九六三年（民國五十二年）六月訪問在臺灣的中華民國，受蔣中正總統伉儷熱情接待，並獲悉臺灣開發山地頗為成功，遂在曼谷召見中華民國駐泰大使沈昌煥請予協助。於是，一九七一年（民國六十年）行政院退除役官兵輔導委員會，贈送果苗、各類蔬菜種籽，於泰北大浦、安康兩地設立實驗農場試種，一九七三年（民國六十二年）退輔會正式派農業專家參與「泰王山地計畫」工作。因該計畫的實際負責人，是泰王的堂兄畢沙迪親王，他曾來臺灣「取經」，對退輔會各山地農場、深山中的原住民生活印象深刻。他也同情孤軍難民，尤其認同泰皇「以蘋果代替鴉片，以鮮花代替毒品」理念，得到臺灣農業專家的寶貴經驗，在泰北推展，無論對原住民及孤軍難民的生活改善都有好處。

爾後在親王率領下，臺、泰雙方積極合作，克服了泰北山區無水、無電、道路狹窄等的困難，終使泰北偏遠山區桃、李、梅、梨、蘋果、柿及菜圃取代了罌粟。「泰王山地計畫」於一九九三年（民國八十二年）更名為「皇家計畫基金會」，後又將退輔會的工作團更名為「中華民國農業技術團」，團長宋慶雲是農業專家，在臺灣「福壽山農場」擔任場長多年，原住民都稱他為「蘋果之父」或「爸爸宋」，到泰北支援「泰王山地計畫」三十年，非常成功，造福泰北很多人。另一位農業專家是錢企越，也來自福山農場，原是臺灣中興大學的教授，夫人曾彩霞是教師，夫妻倆到泰北後錢教授為「泰王山地計畫」推展農業，輔導三十七個農場，歷二十餘年，工作雖然辛苦，他說：「能幫助那麼多的山民改善生活，太值得，一生無憾」。夫人在清邁雲南會館附設雲嶺中小學，及泰國清邁大學教授中文，傳揚中華文化，影響深遠。一九八五年（民國七十四年），臺灣彰化縣二林鄉的林阿田，被救總向退輔會借調，到泰北擔任農業輔導專家，一待就是二十年，總共輔導難民村建立了十一個示範農場、一個大果園、七處牧場、十一個製茶場、幾個碾米廠、飼料加工廠、香菇菌種製造廠、種母豬繁殖場等。在諸多農業中，以栽種臺灣茶種對經濟效益最大，經多年的辛苦，難民村開始有了「小農經濟的規模」。一九九七年（民國八十六年）中華民國農業技術團改組為「國際合作發展基金會，簡稱國合會」，進入千禧年，因臺、泰雙方的情勢發生變化，國合會技術團雖撤回臺灣，但仍改變方式選派「志工教師」赴泰北華文學校推展華文教育，迄今未斷。

發展農業是中華救助總會，初期對泰北難民村的重要援助項目，農業專家可謂是「送炭到泰北」的尖兵。到一九八〇年代（民國六十九年）後期，「送炭到泰北」壯舉達到高潮，持續約十年，為感念各界善心大德，恩被泰北，茲再概述如下：

一九八八年（民國七十七年），臺灣高雄佛光山開山長老星雲大法師，親自率領臺北慶生醫院副院長蔡詠梅、醫師公會胡秀卿醫師、中國電視公司「大陸尋奇節目製作人周志敏女士、慈容法師、以及百餘位信徒，組成「佛光山泰北弘法義診團」，前往泰北清萊美斯樂、清邁熱水塘等難民村，捐贈救濟物資，弘法義診，贈款建診所，更以佛法撫慰村民心靈。繼後，星雲大法師並發起成立「佛光山信徒援助泰北難民村建設公德會」，持續多年為難民村提供物資與精神救助，並由大慈育幼院領養泰北孤軍後裔。

一九八八年（民國七十七年）九月，中國佛教會臺灣省分會會長淨心大法師率泰北弘法團一百六十人，還有兩組電視節目製作小組；臺灣電視公司熱線追蹤節目執行製作人洪美珍及兩位助理，中華電視公司佛學講座光明世界節目執行製作人吳光明及助理兩位，第一次來泰北弘法救濟。先到清萊老象塘村，再到滿堂村，又到非常偏遠海拔一千五百公尺，地勢險峻的泰寮邊區的帕黨村，最後到正德村，每到一村都捐助善款，修電力、舖道路、接水源、建學校，購贈糧食，祈求佛菩薩降福，讓難民們早日生活改善，平安健康。迄今三十年，淨心大法師已經多次率信徒蒞臨泰北難民村弘法濟助。足跡幾乎踏遍泰北難民村每一個角落，除濟助難民村建房屋、修道路、找水源，還為孤軍剿泰共陣亡官兵建墓園。尤其資助泰北多所學校如茶房村光復高中、滿堂村建華綜合高中，興建校舍、圖書館，並創辦「淨心小學」，為難民村培育後裔，點亮孤軍希望之火，真是功德無量。

一九八八年（民國七十七年）母親節，原與泰北孤軍難民毫無淵源的錢秋華女士，在夫婿欒謹國的鼓勵下，來到泰北最偏遠、貧瘠的泰國與寮國邊界，高海拔的「帕黨難民村」，獨資為孤軍後裔創辦了育幼院「溫暖之家」。於插足之後，因這位從小在眷村長大，古道熱腸的虔誠佛教徒客家女子，而今事業有成，來到難民村所見的是一群想反攻大陸回老家的孤軍後裔，卻是「有家歸不得，臺灣不承認，只能苟活在貧瘠的泰北山區不避風雨的難民村」，所見奔跑於村裡的幼童，多數衣不避體，更甭談接受教育。錢女士被深深的感動，一九八八年（民國七十七年）雙十節又到泰北更偏遠、更艱困的「米索三民難民村」成立第二所「懷恩之家」育幼院。一九九〇年（民國七十九年）三月在泰國與緬甸邊界的「滿堂村」成立第三所「滿堂之家」育幼院。在不到三年的時間，雖已投下千萬，既不向人募款，也不能報帳抵稅。三家育幼院，收容了百餘兒童，每日吃用，孩子還需要教育，這是不輕的負擔。有壓力，但每當看到孩子們快樂的笑容，生活在溫馨的家園，錢媽咪就滿心歡喜，似乎看到了泰北難民未來的希望。在已走過的三十年中，傾其力，除照顧一代又一代的院童成長，還為他們的教育，在當地投入心力，而今已有成千院童成年，許多受完高等教育，立業成家。當年才剛過而立之年的錢媽咪，如今早餘花甲，每當看到自己扶育長大，分散在世界各地的兒女，就心花怒放，喜樂滿滿。

一九八九年（民國七十八年）真頓大法師，於清萊山區茶房村興建「泰北菩提園地潔人育幼院」，收養泰北失親孤兒，三年後投入茶房村光復中學教育行列。為光復中學及泰北華文教育貢獻很多，將在泰北救育敘述。大師為改善茶房村泥濘道路，自二〇〇〇年（民國八十九年）起修築菩提一路，二路、三路、四路、五路，使村民受惠。二〇〇二年（民國九十一年）興建崩敢南泰國佛寺一座，明利村泰國佛寺一座。還為孤獨老人長期每月接濟食米，所以真頓大法師有茶房村活菩薩的稱譽。

一九九三年（民國八十二年）年底救總完成階段性任務，終止泰北援助，工作由僑委會接辦，但該會限於經費預算無法全面展開。一九九四年（民國八十三年）四月初蔣孝嚴委員長赴花蓮商請慈濟證嚴上人幫助泰北工作，四月下旬慈濟執行長王端正率工作人員十一位赴泰國，由僑委會駐泰國僑務專員李時昌陪同，二度實地考察泰北各難民村。王執行長說：他是帶著證嚴上人的「三心二意」而來，三心是關心、誠心與愛心；二意是慈濟功德會向難民村同胞的敬意和謝意。慈濟的宗旨是「尊重生命，肯定人性」，為落實佛教「慈悲喜捨」的精義，慈濟人的工作分為四項：「慈善、醫療、教育、文化」，慈濟到泰北也是本著這個目標而來。事後評估決定投入經費與人力，自一九九五年（民國八十四年）展開「泰北三年扶困計畫」工作項目：慈善、醫療、教育、文化，四大工作項目。

一、**房舍改建**：在回賀、昌龍、滿卡叻、密撒拉四個村，進行全村改建住屋。一九九五年（民國八十四年）五月三十一日回賀村建屋完工，蔣孝嚴委員長參加贈屋儀式，轉交房屋證書和鑰匙給村民代表艾伯新會長，並贈送每戶五百泰銖賀禮。昌龍、滿卡叻、密撒拉三個村房屋亦陸續改建完工啟用。

二、**醫療、安養及農業輔導**：照顧清萊、清邁兩地區安養中心的老兵生活。另聘請農業專家林阿田巡迴教導村民種植水果，增加收入，改善生活。

三、**華文教育**：由僑委會輔導華文教學，第一階段派志工教師二十位分赴熱水塘一新中學、滿堂建華中學、茶房光復中學等九個學校實地教學。第二階段舉辦師資培訓，選派十位教師，分別在清萊建華中學、清邁熱水塘一新中學，召集各村學校華文教師辦理培訓講習為期一個月，對泰北華文教學方法普遍改善。

一九九八年（民國八十七年）慈濟「泰北三年扶困計畫」圓滿結束，慈濟仍繼續在泰北地區推展教育工作，於二〇〇五年（民國九十四年），慈濟在清邁府芳縣創立中泰英三語並重的「清邁慈濟學校」，經泰國政府核准，招收泰北各村學生自幼稚園至高中，十五年一貫制，為難民村後裔培育莘莘學子，學生畢業輔導升學或就業。

二〇〇〇年（民國八十九年）二月，臺灣靈鷲山開山長老心道大法師，率法性法師、了意法師、常存法師等僧眾二十餘人，蒞臨泰北關懷義胞，弘法濟助。因心道法師祖籍雲南，出生於緬甸，四歲失怙，九歲加入滇緬游擊隊，當傳令小兵。一九六一年（民國五十年）第二次撤臺時隨軍來臺灣。曾走過艱辛悲苦的歲月，出家修行中，刻苦奮鬥，是苦修實證的菩薩行者，開辦了臺灣「靈鷲山無生道場」，創立了「世界宗教博物館」。因與泰北孤軍義民緣深，對泰北義民文史館、清邁義民忠烈祠、泰北三一九公主盃反毒青年運動會捐資出力，尤其對義民教育特別重視，資助難民村發展教育，泰北建華綜合高中創校時義助四百一十萬泰銖，令師生感念。

送炭到泰北的另一股力量，就是臺灣「國際扶輪社」。這股力量何時開始對泰北難民村伸出援手，已說不準，以服務社會為宗旨的扶輪社，成員都是熱心公益，事業有成的社會中堅，在關懷泰北的人道救援工作上，絕不缺席。如臺灣基隆東南扶輪社的陳俊盛，是中國童子軍總會委員，本著童子軍日行一善理念，早就響應送炭到泰北壯舉，在邁入千禧年前的二十年中已進出泰北難民村一百八十餘次，足跡幾遍布所有難民村。又如臺北圓山扶輪社張錦輝、陽明扶輪社林廷祥，忠誠扶輪社蔡健雄，南區扶輪社慕可舜、中和西區扶輪社張慶忠等，邀集社友、或獨自捐資，出錢也出力。扶輪社在清萊回馬村一次就蓋了三十六棟住宅，共捐建了難民村學校的四十餘座淨水塔，為村內建醫療所，為學校建操場，贈校車、電腦教室、獎學金、認養學童等，不勝枚舉。所以，泰北難民村許多地方，都豎立著「××扶輪社捐贈」的牌子，讓難民村及後裔永遠感恩。

送炭到泰北的另一種方式，就是臺、港地區的藝人歌星、演員、編劇、記者，自動組團赴泰北難民村義唱、義演、製作電視劇或拍成電影，以達宣傳的效果，記者則以新聞報導或新聞特稿，在臺、港、澳、東南亞地區的中文報紙、雜誌刊登。如一九九〇年（民國七十九年）拍攝的「異域」戰爭片，由柏楊原著改編，演員柯俊雄、庹宗華、劉德華、谷峰、斯琴高娃、郎雄等都是臺、港、陸著名演員聯合演出，非常賣座，紅極一時。

一九九三年（民國八十二年）十一月六日，由臺視、中視、華視知名演藝人員合組之「中華之愛綜藝團」，赴泰北難民村義演。綜藝團領隊由國民黨籍立法委員兼海工會副主任洪昭男先生擔綱，團長為七十高齡的蔣光超，節目主持人為臺視方晴小姐及中視羅江先生。演出節目非常豐富，緊扣觀眾心弦，其中還穿插國寶書畫家包容教授的現場揮毫、作畫；「梅開五福」橫幅及「月圓花好」國畫，兩者都是演出節目，演出時間一五〇分鐘，極為精彩無冷場，壓軸是蔣光超清唱的「包青天」，此時該連續劇正上演，紅遍華人世界，主題曲原唱人就是有影視巨星的蔣光超。綜藝團赴泰北的義演，不但帶去了中華民國政府及國人對孤軍難胞的關懷，也給義胞精神莫大鼓勵。尤其大家還捐錢、贈物表現了深刻的愛心與敬意。

一九九五年（民國八十四年）二月，剛過完新年，中華民國僑務委員會為宣慰僑胞，促進文化交流，請臺灣電視公司組成「中華漢光綜藝團」，由總經理莊正彥、副總經理熊湘泉擔任團長及領隊，出訪東南亞各國，全程約一個月，二月二十日自馬尼拉飛抵曼谷，當晚轉機泰北清邁。次日晚即展開義演，節目主持人田文仲有大將之風，十個節目均由節目總監夏琍琍精心策劃，充滿著愛心、關懷與歡樂，田文仲笑果不斷，嚴肅中有輕鬆，輕鬆裡有詼諧。節目中偶爾還接受觀眾點唱幾首老歌；上海灘、綠島小夜曲、癡癡的等、不了情，使觀眾熱淚盈眶。

二〇〇二年（民國九十一年）八月臺灣高雄團康訓練協會，甄選能歌善舞的青年四十四人，組成「快樂種子文化訪問團」，由團長鄧繼雄率領赴泰北義演，首場在清萊滿堂村，祝賀籌備五年舉行隆重開學典禮的第一所綜合高中「泰北建華綜合高中」，晚會名稱定為「感恩文化之夜」，因團員含教師、大學生、專業舞蹈團體、電腦技師、還有曾獲全國舞蹈比賽冠軍的隊伍，極其精彩。他們巡迴泰北義演六場，最後一場在首都曼谷演出，深獲好評。團長鄧繼雄多才多藝，急公好義，是泰北義民的好友，自一九九四年（民國八十三年）首屆「泰北三二九公主盃反毒青年運動會」舉辦以來，年年蒞臨指導主持，這種情義與友誼是泰北義民永銘心坎的。

泰北之有今日「觀光寶地」之美譽，蘭花、茶葉、水果對觀光客甚具吸引力。蘭花與大象是泰國的象徵，蘭花也是出口的重要農產品之一，把泰蘭品種改良推向國際市場的功臣是「甫景雲」將軍。他原籍雲南保山，陸軍官校出身，一直追隨李彌將軍，當國軍撤臺甫將軍偕家人留在泰國從事農業維生，將長女送來臺灣大學學習植物組織培養技術，在泰北改良蘭花成功，自國內推向國際市場。

茶葉是難民村農業開發、經濟轉型成功最大的功臣，如「臺茶十二號、清心烏龍、香片烏龍」，已成泰北茶的標誌。這要感謝臺灣茶葉改良場的專家，而陳惠藏先生是該場的技術專家，他和幾位同事被派到難民村輔導發展茶葉重任，他們引進了臺灣茶新品種，在泰北種植成功，發展了經濟真是難民村的恩人。

泰北水果種類繁多，幾乎臺灣有的泰北都有，但以「荔枝」最具代表性，泰國原無荔枝生產，但現在泰北全境都盛產。其功勞是張國杞、楊新植等人，兩人原是李文煥軍長的高級幹部，解甲為民後傾力發展荔枝種植，非常成功，還兩次受到泰皇蒲美蓬的親臨品嚐。

另外，臺北縣板橋市農會的資深秘書陳水金先生，是農業專家也是農會組織高手，曾多次到難民村輔導，為農業疑難雜症問題指導解方。還有臺北榮總的骨科胡聰仁醫生，仁心仁術，對難民村義民貢獻也很大。

在此，筆者還要提陳茂修將軍，他是難民村的靈魂人物，原籍雲南騰衝，陸軍官校出身，曾任泰北三、五兩軍的參謀長，考柯、考牙全殲泰共，為泰國立下大功，為十萬義民及眷屬爭取到合法身分的指揮官。他向國府為數千前國軍袍澤力爭戰士授田證補償，古稀之年發起創辦泰北建華綜合高中，培育後進。尤其他在孤軍義民最困難的一九六〇－八〇年代，領導孤軍義民為泰國政府剿共，對地方治安卓有貢獻。因他會講泰語，與泰國軍方高級將領有交情，難民村的大小事都親自參與，憑他的一張名片，能讓受限制行動的難民村義民可以下山就醫、辦事。泰國軍方特配發他手槍一把以防身，吉普車一輛代步，路過層層的檢查站，泰國基層軍警都會向他敬禮。他處事公正無私，半夜三更義民有急事求助，從不拒絕，一生清廉，絕不收賄，所以廣受義民們的尊敬。他也是中國國民黨的中央評議委員、僑聯總會的常務理事，泰北地區僑務諮委，對國府到泰北訪視的高官接待、陪侍不遺餘力，所以，當二〇一四年（民國一〇三年），九十六歲逝世，得國府駐泰代表陳銘政親往主祭，並覆蓋黨國旗，馬英九總統頒發褒揚狀，以示敬重。其生平事蹟由國府國史館函令保存，筆者時任建華綜合高中校長，為他撰寫墓誌銘，以念勳勞。

「送炭到泰北」壯舉持續二十餘年，迄今餘溫尚存，響應與參與的團體或個人很多，尤其後期都著力於「教育」方面，將在泰北的華文教育一節介紹。此處要將中華民國政府對泰北義民的關愛陳述一下。

一九七〇年代是中華民國政府播遷臺灣後，在國際上最艱苦的困頓期，一九七一年（民國六十年）退出聯合國，美國對國民政府態度生變，尼克森派國務卿季辛吉祕訪中共，一九七二年（民國六十一年）二月尼氏親訪大陸，發表上海公報。九月臺、日斷交，一九七五年（民國六十四年）四月五日蔣中正總統崩逝，接著臺、菲斷交。值此之際泰國政變不斷，幾乎年年更換總理，一九七五年（民國六十四年）三月泰國社會行動黨克立巴莫出任第十八任總理，思想極左傾，七月一日與國府斷交當日與中共建交，一九七九年（民國六十八年）臺、美斷交。時值國家在外交上遭受重大挫折的時期，中華民國政府對泰北孤軍義民仍義不容辭的關懷。

泰國與中共建交後，國府初以「遠東商務辦事處」名義，首派沈克勤先生為代表。後改「駐泰國臺北經濟文化辦事處」，均派大使級代表為僑胞、泰北孤軍義民服務。歷任駐泰代表沈克勤、劉瑛、許智偉、黃顯榮、鄭博久、烏元彥、陳銘政、謝武樵、童振源，均經常訪視泰北，關懷義民生活。尤其駐泰代表處的僑民服務處歷任僑委會派駐秘書，對泰北難民村特別關心，如李時昌、張淑惠，二〇一二年（民國一〇一年）田雛鳳派赴泰國，兩年任期中曾三十餘次到泰北各難民村訪視。

僑務委員會於送炭到泰北開始後，歷任委員長都曾赴泰北慰問；一九九三年（民國八十二年）十二月六日委員長蔣孝嚴、劉宜民秘書、蘇成福主任，暨退輔會、救總、農委會、臺視、中視、華視電視臺記者，中央社特派員等，由駐泰代表劉瑛陪同訪視泰北，共兩次。一九九六年（民國八十五年）十二月十三日祝基瀅委員長、第二處處長陳士魁，與中央社、中視記者，由駐泰代表處官員陪同訪視泰北。針對泰北的需求：戰士授田證補償金、難民村基礎設施、中文學校教材、師資、教學設備、僑生回臺升學、在臺定居取得身分證等問題，請求政府協助解決。一九九八年（民國八十七年）七月十二日焦仁和委員長及二處處長陳士魁訪視泰北，針對學生持隨身證回臺簽證、師資支援、在地教師生活津貼、輔導辦理高中、農業技術改進等問題，請求政府提供解決之道。進入千禧年後雖因臺灣政黨輪替執政，僑務委員長張富美、吳英毅、陳士魁、吳新興均在任上親訪泰北。張富美委員長特別重視僑生回臺深造，身分證取得問題。吳英毅委員長特別關心教師退休安養問題。陳士魁委員長對教師專業提升著力甚多，二〇一三年（民國一〇二年）剛接任，就積極催生何福田教授邀請呂祖琛、林萬義、陳迺臣、蔡義雄、劉信吾、鄭崇趁專家教授合著的《教育入門》一書，提升泰緬地區華校的經營管理、教師教學效能。二〇一六年（民國一〇五年）政黨輪替，吳新興接任委員長後，親訪泰北，宣導政府的南向政策，鼓勵泰北學生努力自我提升，融入泰國主流社會，並強調僑委會對支持僑教政策不變。二〇二〇年（民國一〇九年）六月，國府駐泰國代表童振源獲蔡政府特任為僑委會委員長，他接任後表示對泰北義民的服務不變。

前述泰北難民村歷年所面臨的困難，在政府與民間的努力下均逐步得到解決，其中拖延甚久，最困難的應是僑生來臺升學，取得中華民國身分證問題。中華民國是民主法制國家，身分證是國民法定證件，國籍法明定身分證取得條件。一九八五年（民國七十四年）前來臺灣讀書的僑生，因國家尚處於「反攻復國」國策階段，政府所依據的是民國十八年二月五日制定公布的國籍法，政府播遷臺灣後，雖有修訂，但修幅不大，凡是海外來臺的炎黃後裔，可以快速取得國民身分證，男生有了服兵役的義務。新修訂之國籍法明訂：一九八五年（民國七十四年）後來臺灣讀書的僑生含難民村子弟，必須遵守新政策；僑生是以留學生身分來臺，非有僑生居住國國籍，持有護照者不得入學。而泰國政府也因推行「泰化政策」，限制只有具泰籍或已取得外僑居留證者，方可出國留學，如擅自出國者，一律不許再返回泰國。然而，行之有年到臺灣升學、就業是所有難民村學生奮鬥的目標，也是家長的希望。如今中、泰雙方政策突然改變，出現了一道致命的門檻，一夕之間讓許多家庭幾乎夢碎。因要取得泰國公民證太難，孤軍後裔就算考取了保送，無證辦護照也去不了臺灣。為了前途只好挺而走險，買假護照、死人護照、當地山民護照、冒名頂替來臺灣。買假護照也要好幾萬，是難民村一個家庭幾十年的積蓄，假護照後來還漲到三十萬泰銖，有些父母傾家蕩產，或債臺高築，希望子女赴臺讀書，打工還債。然而，當踏進夢寐以求的祖國中華民國國門後，卻不被承認身分，就算畢業了，沒有身分證，不能正式工作，只能做一些危險粗活，拚命賺辛苦錢，沒有健保，不幸受傷，只能躲在角落裡哭泣，遇到至親病故，不得返泰國奔喪，因非法出境回去會坐牢，罰款，一輩子毀了，所以，他們寧願困在臺灣成人球、做亞細亞孤兒。但是，做人球、幽靈人口終非久計，只好到中正紀念堂前靜坐默默抗議，才引起社會正義人士的關注，那已經是一九九四年（民國八十三年），距一九八五年（民國七十四年）已十年。這十年中幽靈人口已近千人，其中一半來自泰北，另一半來自緬甸。

人球問題浮現後，引起剛自軍中退休，被朋友稱為超級雞婆的劉小華女士，特別好奇；「她不敢相信生活在號稱人道、自由、民主復興基地的寶島臺灣，居然還有一大群來自泰緬，和我們一樣唱中華民國國歌、熱愛國旗、認同中華民國，卻沒有中華民國身分證，得持用假護照，偷偷打工，偷偷騎車，偷偷掉淚，絕不能生病。這種不可思議的境遇，簡直就是臺灣版的《悲慘世界》小說場景」，劉小華經思考後決心一探究竟。她首先想知道這群人如何順利從泰國、緬甸入境臺灣，還可以讀書？他們都持有中華民國教育部的分發公文，大部分還享有公費？為什麼一九八五年（民國七十四年）前來的不是問題，後來的卻有問題？已經十年政府何以睜隻眼閉隻眼繼續放任？

當劉小華涉入後，發現更多的問題，她下決心走訪泰北與緬甸深入瞭解真相。走了幾趟，下定決心要為這批所謂的人球，爭取中華民國國籍的權益。她找了關心人士發起向內政部籌組「泰緬難民人權促進會」，請求律師、立法委員協助，得到立委趙少康、郁慕明、洪秀柱、洪冬桂、馮定國、陳學聖、王天競、李慶華等陸續投入關懷、提出質詢、開公聽會。劉小華則彙整泰、緬僑生資料，親送民意代表、內政部、教育部、僑委會、監察院、立法院，經幾年奔走，終使政府頒佈「民國七十四年至八十年間回國升學之泰緬僑生身分處理要點」，發給一百一十六名人球身分證。

但是，問題並未完全解決，既然有了曙光，除拜託立委，修改法案，也請媒體助攻。二〇〇〇年（民國八十九年）一月二十九日，監察委員廖健男看到新聞，劉小華帶著第二批百餘名的泰緬學生，到境管局申請設籍卻遭退件，覺得太沒道理，心裡難過，申請自動調查。有強烈正義感的廖委員，剪下報導，撰寫自動調查案件申請書，邀請同僚張富美委員合作，以速件處理。案子交給有菩薩心腸，執行力強的李漢河調查官負責協助調查。調查案在廖委員、張委員、李調查官鐵三角組合的手中，加速進行。後來張富美委員轉任僑務委員長新職，立委也幫忙加訂特別「泰、緬條款」，終使幾千名泰緬人球拿到了中華民國國民身分證，使人球問題獲得解決，幾年前「泰、緬難民人權促進會」階段性任務完成，已經解散。

① ② ③

①臺灣佛教真頓法師率熱心華教人士訪視泰北義民小學。

②中華民國僑委會吳新興委員長訪視泰北與華校校長教師合影。

③僑委會副委員長任弘訪視泰北建華綜合高級中學，書贈墨寶後與董事會及黃通鎰校長合影。

泰北難民村簡陋的教學設備。

第四節　泰北難民村的華文教育

中華民國孤軍一九五〇年（民國三十九年）年初退出國門後，為反攻復國於一九五一年（民國四十年）在滇緬邊區猛撒成立反共大學，目的是培訓軍事人才，一九五四年（民國四十三年）受國際壓力第一次撤臺，孤軍進入泰北開始對學齡青少年施以克難式的學校教育。因此泰北義民的教育大致可分為五個階段；第一階段屬草創期（一九五四年－一九六一年），第二階段為艱困期（一九六二－一九七八），第三階段為成長期（一九七九－一九八三），第四階段為挫折期（一九八四－一九八七），第五階段為發展期（一九八八－迄今）。茲分述如下：

第一階段草創期「一九五四年（民國四十三年）－一九六一年（民國五十年）」：一九五〇年代初期，因緬、泰交界的大其力是孤軍與緬軍交戰的前線，泰國境內緊鄰大其力的清萊府美賽縣是後方，許多眷屬與難民老弱婦幼，經泰國軍方允許，孤軍將其安頓在距大其力，只有十餘公里的蚌安鄉，於是有了「難民滿堂第一村（滿堂村）」的出現，村中的第一所「難童小學」隨之誕生。後來學生多了，到七〇年代改名「建華小學」，後再升格辦初中，更名「建華中學」。其後清邁府萬養村亦成立小學，茅頂竹牆，設備極為簡漏。此期，戰事頻仍，居住難有定所，設校甚少。

第二階段為艱困期「一九六二年（民國五十一年）－一九七八年（民國六十七年）」：此期孤軍已漸漸感知返回大陸難以如願，開始在泰北山區建立難民村安定家園，每村設一克難小學落實教育，以村中識字者為教師，用中國傳統私塾三字經、千字文等為教材，或有親友自臺灣帶去的課本，政府少有支援，難民村經濟困窘，設校辦學甚為艱辛。一九七五年（民國六十四年），救災總會設「泰北難民子弟學校清寒學生助學金」，以輔導難童就地就學。

第三階段為成長期「一九七九年（民國六十八年）－一九八三年（民國七十二年）」：開啟民國六十八年救總提供公費，保送「滿堂難童小學」七名學生到臺灣員林實驗中學就讀，泰北中文學校選送公費生返臺升學之路。返臺升學，不但公費且可獲得中華民國國籍，此後，泰北學子，以赴臺升學為努力目標，難民村中文學校紛紛成立。一九八二年（民國七十一年）十月救總成立「泰北難民村工作團」，初期以扶助泰北難胞就地生存發展的第一階段近程計畫「改善泰北難民村難胞生活，發展難民子弟教育」為目標。隨著時間的推移，難民村已由初期的十三個村擴展至九十一個村，可謂已遍布泰北山區，難民們生兒育女，繁衍後代，且為教育子女保種育才，傳承中華文化，以最克難方式在每一個難民村至少辦一所中文學校，大的村則有好幾所，到上世紀八〇年代中期，近百所的學校有八十所是小學，二十三所辦到初中。但所有難民村的華文學校其共同特色是：

一、都沒有向泰國教育當局立案或備案。（想立案也不會核准）。

二、以竹籬茅舍做教室，竹片、木板做桌椅，或無桌椅，坐在地上讀書寫字。

三、教學設備簡陋，牆壁是黑板，圖書、儀器全無。

四、許多學校教材自編自教，有的還用私塾時代三字經、百家姓、千字文等。
五、學校無行政制度，學生無學籍，只有過年或中國民俗節日才偶爾放假。
六、校長無學歷限制，只要熱心教育就好，有中文文盲的校長。
七、教師多是村中人士，學歷是私塾或小學肄業或畢業，有中學學歷的甚少。
八、學校懸掛中華民國國旗暨國父孫中山、蔣中正像的很普遍。
九、學費非常低廉，按月收交，放假不繳費。學校經費拮据。
十、教師薪資微薄，連一人糊口都有困難，更別談養家活口。
十一、老師體罰學生是常事，家長有不打不成器的觀念。
十二、教學堅持用正楷字（繁體字），及注音符號。

在這樣的環境下，教學品質當然不好，但難民們的共識是：「臺灣去不了，大陸也不能回」，新生的一代，與當地民族混雜，泰語已是常用語言，尤其還有許多是中泰混血兒，母親的母語就是泰語。所以，為了不被同化，不管處境再困難，中文教育絕不能廢。就在這種民族精神的鼓舞下，堅持推展中文教育，其精神令人敬佩。後因考柯、考牙剿共的勝利，大部分的難民有了泰國身分證，所生子女當然就是泰國合法公民，在泰國政府「大泰族主義」下，必須強迫進入泰文小學接受義務救育，只好早晚時段讀華文，雖比較辛苦，但有了泰文升學的機會，也兼顧了中文升學到小學畢業或初中。而且救災總會也以專案將初中畢業生送回臺灣讀高中、高職，有了升大學的機會。總體而言，難民們的後裔學歷得到提高，比父、祖輩的文化水準已有顯著的提升，尤其都會說泰語。

第四階段為挫折期「一九八四年（民國七十三年）－一九八七年（民國七十六年）」：此時期看起來難民村的華文教育似乎前途光明，雖因泰國政府數十年來對華文教育的箝制與打壓，但對泰北難民村體制外的華文教育影響不大，在克難中成長的華文教育已有一些基礎。然而天有不測風雲，由於泰北難民村源自中華民國孤軍，反共意識濃烈，且極端親中華民國。而泰國政府已於一九七五年（民國六十四年）七月一日和中共建交，與中華民國斷交，中共在首都曼谷設立大使館，在泰北清邁也設有總領事館，反共旗幟鮮明的泰北特別刺眼，尤對泰國政府容許泰北近百所的反共華文學校的存在極為忿怒。一九八四年（民國七十三年）六月十三日泰國內閣會議受中共外交壓力，接受了極端親共的最高情治首長的建議：「泰北難民村的學校用的教材均來自臺灣，內容多有反共言詞，有損泰中兩國的邦交友誼，而且在泰國境內教授華文是明顯觸犯泰國教育法令，必須將臺灣來的中文書籍沒收銷毀，並頒禁令自一九八五年（民國七十四年），所有泰北的華文學校一律關閉，學生全部轉入泰文學校就讀」。此一措施使泰北難民村的華文學校受到嚴重打擊，全數掃地出門，原有的校舍改為泰文學校，由當地教育單位經營，只有滿堂村建華中學的校舍，以倉庫為名未被沒收，但學生也須遷出至附近寺廟分散偷偷學習華文。處此華文教育的挫折期，約四年，幸因孤軍對泰北的治安有功，難民村的主政人士與在地軍警關係良好，當風頭過去，學生日間讀泰文，早晚在寺觀、廟宇、民宅補習華文，教科書也未毀盡，華文教育的香火仍然維持。

第五階段為發展期「一九八八年（民國七十七年）－迄今」：到八〇年代後期，中共政府駐泰大使換人，鄧小平訪問泰國，承諾停止輸出共產主義，中國加速改革開放步伐，經濟明顯發展，國力日漸崛起。海峽兩岸關係逐漸解凍，交流頻繁。中文漢語逐漸受世人重視，尤其泰國皇室詩琳通二公主，得泰皇浦美蓬暨詩麗吉皇后鼓勵勤學華文，進入九〇年代後，泰國政府開始對華文教育鬆綁，迎來了華文教育發展的生機。難民村的華文學校也擇地另建校舍，且得到臺灣民間社團、宗教界的財力支援，僑務委員會的輔導，有大批在臺灣退休的教師、校長，赴泰北當志工教師，協助推展華文教育，促使華文教育快速發展，教育品質也相對提高。

「送炭到泰北」的義舉，不但翻轉了難民村難民的生活，也使多山、貧窮、經濟落後的泰北改頭換面，更促進了難民村的華文教育，茲重點簡介如下：

一九八二年（民國七十一年）十二月，香港莒光文化服務中心曾醒明、吳福基、溫繼耀、曹樹華等受「異域」影響首度踏足泰北，為的是一份血濃於水的同胞愛，及感佩孤軍難民追求生命尊嚴的傲骨情操，薪傳中華文化的精神。爾後，他們特別製作了寫著「送炭到泰北」五個大字的黃色T恤，與劉千石議員發起慈善演唱會、粵劇表演、電影慈善義演、母親節義賣康乃馨慈愛春暉嘉年華、泰北旅遊圖片展等，籌措善款，幾乎年年到泰北各難民村濟助，每次來都旅費自理，還帶著善款及衣服、食品、藥物、中文字典、參考書、文具、教材等物資。迄今已三十餘年，捐贈難民村善款數千萬，僅是泰北建華綜合高級中學，就捐三百萬泰銖建校舍，還為學校建了圍牆、修了「莒光路」。更難得的是他們長期默舉義行，雪中送炭，出錢出力極其「低調」，只求實效，不求名利，贏得了泰北義民的友誼與尊敬。

一九八三年（民國七十二年），天主教臺灣明愛會開始對泰北伸出援手，主要目標是扶助泰北發展教育，以師資培訓、認養在地教師、認養清寒學生為重點。初期支援範圍較小，到九〇年代已逐漸擴及整個難民村，咸認發展教育關鍵在師資，尤其是小學師資，所以，全方位培訓師資至為重要。經張正瑤、李琳琳修女的規劃，在臺灣召聘志工教師，按泰北各小學教師的需求分成：教育概論、教育心理學、語文教材教法、數學教材教法、注音符號、中華文化、音樂、電腦、心算、美勞、護理、作文、舞蹈、團康、律動等種類，每類科配置教師二－四人，赴泰北展開在地教師培訓。范雲華女士是虔誠的天主教徒，是明愛會的志工教師，一九九六年（民國八十五年）二月初，隨著志工團來泰北服務，分配到茶房村光復中學師資培訓，看到六百多的師生早晚讀華文，生活艱困但力爭上游，她被師生熱忱感動，以後年年擔任領隊，跑遍難民村的華文學校，到二〇〇三年（民國九十二年）決心賣掉臺灣的房產，辭掉幼稚園園長的工作，獨資在清萊府滿星疊回龍村創辦「聖愛兒童之家」，收容貧苦兒童，憑著經驗辦得有聲有色。後得臺灣親友捐款、義賣，滿星疊大同中學校長張明光助力，接辦瀕臨停辦的「回龍小學」，使該校起死回生，有了第一屆小學畢業生，學校升格為初中，改名「回龍中學」。再經十年的努力，擴充校舍，增加設備，二〇一四年（民國一〇三年）升格為高中，成了十五年一貫制的學校。歲月悠悠三十年已過，明愛會的志工教師都是自費，出錢又出力，犧牲假期，無怨無悔，默默為泰北的教育，燃燒自己，照亮了孤軍後裔的前途。

僑務委員會有計畫培訓泰北師資：一九九三年（民國八十二年）十二月，僑務委員會章孝嚴（後改蔣孝嚴）委員長親訪泰北時，於十二月七日在清萊美斯樂村原五軍駐地的泰北領導人與委員長的座談會中，聯名以書面報告呈委員長，並由第五軍指揮官雷雨田將軍，難民辦事處主任陳茂修將軍，詳加說明內容，共五大項目：

一、孤軍戰士授田憑據補償問題。
二、難民村華文教育師資匱乏問題。
三、請求恢復公費讓難民學校青年回臺灣升學問題。
四、請求政府延續泰北救助計畫。
五、請求政府協助留臺學生取得身分證問題。

蔣孝嚴委員長回臺後針對此五大問題，與相關部會研判，因涉及層面廣，需要逐步解決，但師資匱乏問題在僑委會權責範圍可優先處理。於是，僑委會在一九九五年（民國八十四年）訂定了「泰北地區華文學校師資培訓五年計畫」，與國立屏東師範學院簽約，於一九九六年（民國八十五年）赴泰北清邁、清萊地區重點華文學校師資培訓工作。第一梯次十位教授，於十一月三日搭機赴泰北，然後分成兩組，一組去清邁熱水塘一新中學，另一組去清萊滿堂建華中學，為期四週的師資培訓，培訓課程事前經承辦單位屏師規劃，按僑委會贈送泰北的國立編譯館出版的中、小學教材設計，再請僑委會核定，教授們本著多年的教育經驗，懷著愛心與熱忱，開啟了政府在泰北的師資培訓工作。

與屏師五年師資培訓計畫結束後，僑委會在泰北的師培工作並未中斷，而且還更擴大，於每年的秋季全公費請泰北的學校行政人員校長、主任、資深教師、甚至董事長、副董事長來臺灣，委請師範大學承辦，聘請教授、中小學校長、就學校的經營與管理，理論與實務方面講授，也參觀學校，舉辦座談會，僑委會處長級以上長官親臨政策宣導，並藉機參加雙十國慶大典，迄今不斷。

近十餘年以補助各校自聘教師生活津貼，往返機票，寒暑假期補助各大學在校學生赴泰北短期教學實習。尤其編列專款聘請專家為泰北編輯中小學專用語文課本，其他學科則向國內出版社購買免費寄送泰北所有學校。又編輯與教學相關的輔助教材或DVD免費贈送各校使用。所以，泰北教育的進步與發展僑委會真是居功厥偉。

佛教以慈悲為懷，方便為門，發揚大乘佛教「不為自己求安樂，但願眾生得離苦」之菩薩行願，弘揚中華文化，效法孔子有教無類的精神，自送炭到泰北開始就積極協助泰北華文學校發展教育，期以作育英才，成就棟樑。臺灣佛光山、慈濟功德會對泰北的奉獻前已述說。茲再對淨心長老、真頓大法師、心道大法師對泰北教育的特殊貢獻簡介如下：

泰北難民村九十餘個，大小華文學校超過百所，但以茶房村的光復高中，滿堂村的建華綜合高中兩校最具規模，此兩校得三位大法師的幫助最多：光復高中於一九五八年（民國四十七年）創校，原是茶房村山坡地竹籬茅舍的小學，一九八三年（民國七十二年）擴辦初中，向僑委會備案，一九九五年（民國八十四年）敦請淨心長老為董事會永遠名譽會長，真頓大法師為永遠名譽董事長，同年在兩位長老的幫助下興建白聖大師紀念禮堂，一九九九年（民國八十八年）建茶房村大門、光復中學大門、建淨心長老教學大樓、教師會館。千禧年向泰國政府立案成功，是泰北第一所立案的華文學校。二〇〇二年（民國九十一年）建菩提教學大樓，二〇〇四年（民國九十三年）增辦高中，二〇〇六年（民國九十五年）建大智、大慈學舍及三棟菩提教師宿舍。以後的幾年大力興修茶房村道路、電力、水源、環境，使海拔千餘公尺全是山坡地的茶房村改頭換面。二〇〇七年（民國九十六年）又建淨覺綜合大禮堂，二〇〇八年（民國九十七年）先後在距茶房村十餘公里的村中創慈光、淨心兩所小學。二〇一六年（民國一〇五年）八月三日真頓大師圓寂，二〇二〇年（民國一〇九年）二月十五日淨心長老圓寂，光復高中顏協清校長暨師生為感念兩位高僧大德，特鑄兩位長老半身銅像豎立光復高中及慈光、淨心小學校園永久紀念。

泰北建華綜合高中二〇〇二年（民國九十一年）創校，得中華民國教育部補助九百七十六萬泰銖，心道大法師捐贈四百一十萬銖，另捐教師、男學生宿舍各一棟，淨心長老捐贈兩百四十萬銖，另捐淨心長老紀念圖書館一座，兩位大法師的德澤師生永遠感念。

二〇〇八年（民國九十七年）五月四日光復高中顏協清校長，當選清萊華校教師公會會長，聘請真頓大法師為永遠名譽會長，於二〇〇八年（民國九十七年）年底及二〇〇九年（民國九十八年）十一月，由真頓法師、顏會長暨五位副會長（玉堂小學李開明、興華中學楊成孝、泰華中學王有仁、大同中學張明光、帕黨中學許孟俊五位校長）暨從臺灣、曼谷邀請來的善心人士、企業家多位，兩次訪視清萊府六十二所華文學校，行程千餘公里，翻山越嶺，深入蒐集了各校的需求，盡速請隨行之善心大德協助解決。

二〇一〇年（民國九十九年）開始籌措「泰北華校教師安養基金」，及每年教師節「泰北華校資深優良教師」按年資給獎金表揚辦法，案經呈僑委會核備，其實施細則得泰北建華綜合高中黃通鎰校長（本書著者），憑在臺灣名校第一女子高中多年行政經驗，再參考臺灣私立學校資深優良教師表揚辦法，私立學校教師退休給付條例擬定，然後經泰北清萊教師公會討論通過，報請僑委會核准實施。「泰北華校教師安養基金」，是利用專款孳息發給，需要時間籌募及孳息，期間得僑委會吳英毅委員長助力甚多，二〇一七年（民國一〇六年）已開始運作，近年來教師的流動現象已大幅減少，顯示了教師安定的作用。泰北清邁府教師會也仿效其策略，對泰北的教育發展甚具效能。

資深優良教師表揚，請黃通鎰校長參考臺灣研擬表揚實施辦法。自二〇一一（民國一〇〇年）配合僑委會的海外僑校資深優良教師表揚，每年由各校推薦資深優良教師一至二名，由教師公會審核，頒發獎金及獎狀，對終年辛苦的教師很有鼓勵作用。

泰北的華文教育於跨入千禧年後能蓬勃發展，除上述因素還有太多善心人士長期捐助善款或物資，充實學校軟、硬體、認養教師、提供學藝比賽經費、惠賜獎助學金，幫助家庭清寒學生完成學業。茲臚列如下：

華僑協會主席余聲清先生、企業家莊仁桂先生、陳月英女士、葉王素瓊女士、陳王桂緣女士、錢秋華女士、黃志堅先生、曾傳泉先生、莊建模先生、曾傳洲先生、林廷祥先生、杜岳明先生、郭修敏女士、謝大民先生等捐款最多。提供獎助學金的基金會：如臺達電子文教基金會、臺灣春鳳慈善基金會、臺灣三重重光基金會、臺灣秦永恆文教基金會、臺灣天主教明愛基金會、臺灣靈鷲山文教基金會、鄧麗君文教基金會、香港莒光文教基金會、香港唐安可文教基金會、香港華欣文教基金會、馬來西亞護杏慈善基金會，臺灣華藏佛教基金會、臺灣不只公益服務協會等，不勝枚舉。當然還有很多漏列或匿名的善心人士，都曾對泰北的教育獻出過愛心，令筆者衷心的敬佩與感激。

中華民國駐泰國代表烏元彥暨長官，赴泰北主持祭孔聖誕與陪祭校長合影。

僑委會長官訪視泰北華教，清萊教師公會顏協清會長及李開明副會長，雲南會館馬應光會長與華校教師合影。

第五節　泰北華文教育與其他地區的比較

當新世紀來臨，泰北難民村在海內外眾多善心人士的愛護下，已蛻變成觀光寶地，為更能發展經濟，推展觀光，協助兩岸商家在泰國設廠，華文人才需求孔急，經難民村的村長、校長共議，推舉難民村的大家長陳茂修將軍，籌辦「建華綜合高中」，經五年擘劃，得中華民國教育部、僑委會指導並捐款，臺灣宗教界及中、泰諸多善心人士的資助，至二〇〇二年（民國九十一年）第一所向泰國教育單位立案獲准的綜合高中，正式開學。聘請中華民國教育科班出身人士任校長，初設商業會計、普通師範、電腦資訊三學科，後又增設華語文科，教師絕大部分聘自臺灣，學校行政、學制、均依據中華民國制度，教材由僑務委員會贈送，開啟了泰北中文教育的新紀元。

建華綜合高中建校宗旨為：弘揚中華文化、健全師資素質、培育青年後進、增進謀生能力、順應時代潮流。學校設備有教學樓、圖書館、教師既男女學生宿舍、學生餐廳、大禮堂、校長宿舍、籃、排球場、運動場等。創校十餘年已有數千畢業生走出校門，投入職場從事各種行業，升學的在泰國、或來臺灣、赴大陸或海外各大學完成高等教育，已取得碩士、博士的也不少，成了泰國華文漢語人才的生力軍。近幾年泰北辦學績效較好的初中，又有十餘所升格為高中，並向泰國教育單位申請立案，進入泰國的教育體制，在泰國政府已將華文提升為第一外語的大好機遇下，未來將扮演再翻轉泰北的重要推手，也將是泰國經濟發展，國家建設的華文人才。有人稱譽「泰北已是泰國華文人才培育的搖籃」，以往因華文教育受到箝制打壓，華文人才奇缺，而泰北難民村華文教育的崛起，搭上了世界華文熱的浪潮，勢將帶動全泰國華文教育的提升。

現在泰北難民村的華文學校學生華文程度，相較於泰國中南部學生的華文程度有明顯的優異，其例證如下：

一、泰國首都曼谷的中華會館，自華文教育鬆綁後，每年都舉辦一次，泰華青少年全國華語及華文作文比賽，成績最佳的都來自泰北。

二、泰北皇太后大學，詩琳通公主中國文化中心及孔子學院，每年舉辦學生中文演講、說故事、作文比賽，泰北華文學校學生表現突出。

三、自二〇〇六年（民國九十五年）年始，臺灣國家華語文中心，在曼谷舉辦華語文能力（TOP）測驗，由中華會館承辦，分初、中、高三級，參加人數不足百名。但自二〇〇八年（民國九十七年）年始泰北增加考場，由建華綜合高中承辦，限初中三及高中二、三年級學生報名，人數限四百名，但年年額滿。測驗成績及格高等達15%，初等、中等達60%以上。

四、近十餘年，每年十二月五日泰皇浦美蓬誕辰父親節，八月十二日皇后詩麗吉誕辰泰國母親節泰北都舉辦學生華文藝文比賽，內容包括作文、書法、演講、朗讀、背頌三字經、弟子規、閱讀測驗等。比賽分高中、初中、小學高年級、低年級，每校高中限五人，初中限三人，小學限兩人，但每次都有五百人以上參賽，加上指導教師、家長，破千人參與。評審員破百，均得臺灣志工教師支援，場面熱烈。耗費約六十萬泰銖，僑委會補助約三成，不足之數均得泰國華僑協會余聲清主席暨臺商或華商贊助。一年兩次的大活動是泰北華文學校的盛事，納入年度行事曆，經理監事會議議決選一所學校輪流承辦，活動受到家長、教師、社會的支持與肯定，讚譽有嘉。

五、泰北華文學校師生極熱衷中國書法，經常聘請臺灣書法家蒞臨指導，多校聘請書法教師日常書法教學，每年元旦舉辦春聯揮毫比賽，頒發獎品、獎金鼓勵師生精進。美斯樂興華中學在校長楊成孝帶領下全校師生每日勤寫書法，每年主辦迎春揮毫，成效卓著。

六、自二〇〇七年（民國九十六年）年始，泰北華文學校教師公會發起舉辦教師節「祭孔大典」，弘揚孔子有教無類精神，恭請中華民國駐泰國辦事處代表主祭，泰北各華文學校校長陪祭。並舉行慶祝大會，由僑務委員會暨泰北教師公會，表揚資深優良教師，按年資頒給敬師獎金，贈送全體教職員紀念品，會後邀請全體教師聚餐。

由以上的例證說明泰北的中文教育已邁入制度化，與祖國內的教學接軌。泰北中文教育能迅速崛起的另一重要因素，是泰北難民村的父、祖輩是二十世紀中葉才到泰北的新移民，絕大多數都是雲南籍，母語是雲南方言，與普通話差異不大。學習一種語言文字，需「聽說讀寫」同時并用，華文漢語有其獨特性，不是易學的語文。而泰文是拼音文字，泰語語辭簡單易學。

泰國經二十世紀數十年政府強力推展「泰化政策」，早居泰國的華僑，華裔已經泰化，年深日久，造成華文人才缺少，華文教師嚴重不足，這其中還有政治因素、涉及國家安全，種族問題等。教育乃百年樹人大事，要在短時間改變，誠非易事。泰國近年為發展經濟，華文漢語人才需求孔急，政府與中共教育單位合作，每年選派人員赴大陸學習華文漢語，中共也派教師、學者來泰國教授華文漢語，各大學、中小學已將華文漢語納入主流教育項目，增加了教學時數，首都曼谷新建了以華文教育為主的「崇聖大學」，但實效尚不如預期的好，仍有努力的空間，吾人深信，隨著華文使用價值的增強，泰國華文的黃金時期已經來臨。

中華民國僑委會吳英毅委員長暨駐泰國代表處長官，訪視泰北建華綜合高中與董事會及校長教師合影。

第六節　泰北華文教育需再提升

泰北地區人口約三百萬，少數民族甚多，在二十世紀初仍屬人口稀少尚待開發的處女地。當中國大陸中共建政，中華民國孤軍進入泰北，由初期的十三個難民村，逐漸擴增至九十多個難民村，各村為保種育才，傳揚中華文化，以打游擊的精神，先後創立了近百所教授華文的學校，用臺灣贈送的華文課本。雖然環境嚴苛，師資、設備、經費缺乏，但在數十年的困境中也培養了不少華文漢語人才，而今這些年輕人大都已成合法的泰國公民，為泰國近年蓬勃發展的觀光旅遊業及相關華語文的產業貢獻心力，還帶動了泰國全國的華文發展風潮。

泰北的華文漢語教育之所以有績效，主因為學子多為華裔義民的第二、三代，日常用語受到大環境雲南方言影響，普遍使用漢語，具備了學習華語文的條件。許多學校七、八歲的低年級小學生能以漢語交流，字正腔圓。背誦三字經、弟子規、唐詩，甚至論語、學庸等深含中華文化特色的古書典籍均表現優異，尤其硬筆及毛筆書法大多數的中小學生都有基礎，如能在既有的基礎上再提升教育效能，改進缺失，則對華文人才的培育更能彰顯效果。

就筆者曾服務泰北華文學校的所見，還需要提升的項目如下：

一、教師的教育專業需再提高。

二、經營學校行政人才要培養。

三、教學設備要充實，多利用科技輔助教具。
四、要選用適合各年級學生程度的教材。
五、增加中文教學時數，每週至少二十小時。
六、在校園中營造學習中文華語的環境。
七、引導、鼓勵學生學習中文華語的興趣。
八、多舉辦華語文相關競賽，激勵學生學習華語文。
九、各校設立小型圖書館，由教師引導閱讀風氣。
十、健全學校董事會組織，廣籌學校財源，提高教師待遇。

針對上列問題做法上要把握以下重點：

一、強化中文華語基礎教育：幼稚園及小學階段是華語文扎根關鍵期，各華校要強力宣導，請社區自治會及兒童父母配合學校推動「在校說華語」運動。年輕的教師在校中率先督導全體學生儘量以華語交談，上課時再強化華語，營造校園中聽與說華語的環境。播放華語歌曲並由老師帶動合唱，以音樂旋律增進華語文教學效果。

二、多用競賽深化華語文教學：競賽可刺激學生學習動機與提高學習興趣，學校在日常教學中要在行事曆內，訂定華語文比賽項目，如朗讀、背誦、演講、辯論、說故事、書法、造句、成語接龍等，讓各年級學生參加，並頒發獎品、獎狀、獎金激勵學生重視華語文。

三、舉辦校際藝文競賽帶動風潮：泰北華校在進入新世紀後，已有華校教師組織，如清萊府華校教師公會、清邁府華校教師聯合會，每學年上學期八月在皇后誕辰泰國母親節舉辦「漢字文化節」學生藝文競賽，下學期十二月在泰皇誕辰泰國父親節舉辦「華語文」學生藝文競賽。兩項競賽分：小學低年級、高年級、初中、高中、教師五大組。競賽項目涵蓋了華語文聽說讀寫相關內容，鼓勵師生參加，優勝者頒獎狀、獎金。小學、初中、高中分設積分總冠軍，激勵各華文學校再提高教學品質。

四、提高教師專業知能，活用數位教學資源，提升教學效果：泰北各華文學校通常利用每日傍晚或晚間，或週末假日教學，每週教授華文要提高至二十節，每節課教學效能的提高涉及教師的專業、敬業素養。限於教師薪資偏低，流動率高，學歷參差不齊，教學資源不足等因素，要針對缺失盡可能補強。畢竟良師才能出高徒，要提升學生華文能力，先得增強教師的華文教學知能。

五、在泰北創辦一所純華文專科學校，使中學生可在地進修：泰北目前的華校小學近百所，初級中學三十餘所，高中七、八所，但還無專科學校。近年泰國政府對華校已大幅鬆綁，泰北地區應積極籌措申辦一所純華語文的專科學校，使學生在地深造。以五專及二專的形式結合職業教育，設置華語文、華文師資、電腦資訊、觀光導遊、中級會計等科目。招收每年初中畢業生入五專部、高中畢業生入二專部，讓有志深造華語文學生不必遠赴曼谷、臺灣或中國大陸取經，既可減輕家長的負擔，亦可學得專業後提早就業改善家庭經濟。

六、要利用最新科技，有別於傳統的教學方法：想翻轉泰北的華文教育不是口號，需知華語文的教育，漢字的認識與運用是其核心。漢字重「形音義」，如「己、已、巳」三字字型極相似，但字義截然不同，可謂差之毫釐即失之千里。漢字皆為單音，但音同、字不同或音似、義不同者甚多，如俞、虞、于、於、餘、魚、漁等就是例子。漢語詞彙、成語多，文學底蘊深厚，往往使初學者望之卻步，較之拼音文字，屬難度較高的語文。隨著科技的發達，利用電腦數位電子書，動畫說漢字之類的教材，以活潑生動的教學方法，激發學習者之興趣，再用雲端科技，跨出教室的限制，必能翻轉傳統教學，增加學習效果。

值此華語文全球化的時代，經濟的發展是國家的命脈，華文漢語人才是經濟發展的支柱。泰北義民以往的生活貧困原因雖多，但人才缺乏是其主因，具優勢的中文華語學習環境亦未能突顯。但隨著中華民族的崛起機遇，中文華語熱潮的來臨，請大家務必把握黃金時機，結合家庭、學校、社會三方面的教育力量，使年輕學子把華語文學好，讓泰北成為泰國的華語文人才庫，則明日的泰北不僅只是觀光勝地，還是一顆璀璨的明珠。

教育專家何福田博士，在專為泰緬教師主編的「教育入門」序言的開端就指出：「個人由窮變富，家族由衰變興，國家由弱變強，人類由野蠻變文明，方法不只一種，但其中最快速，且又最無負面作用的途徑就是教育」。

何教授於一九九七年（民國八十六年），在臺灣屏東師範學院校長任內，受僑委會委託，投入僑教輔導的行列，先在師院以一年時間培訓緬甸僑師，再親身帶領國內多位教授赴泰北、緬北為當地華校師資培訓。他的理念是要讓泰緬僑民翻身，必須從教育著手，而「教育第一，師資為先」，是施行的重點。二〇一三年（民國一〇二年）何教授邀約了七位教育專家學者，撰寫：教育的原質與發展、管理者的治校法則、教學資源的控管、優良教育工作者的養成、教學的準備、教學設計與課後反思、對學生因材施教與品德教育的培養、親師生三者的合夥關係等。全書共十四講，請僑務委員會委員長陳士魁先生，泰北光復高中校長亦是泰北清萊華文學校教師公會會長顏協清先生，泰北建華綜合高中黃通鎰校長，撰寫序文，再請大陸東莞臺商子弟學校董事長葉宏燈先生捐助印刷費。贈送泰緬僑校教師及主持校政者研讀，期以提升教學、學校經營能力。二〇一四年（民國一〇三年）何教授再應世界華語文學會之請，帶領教育部泰緬教育專案研究團隊赴泰北、緬北訪視，受到泰北清邁、清萊，緬北主持僑教者的熱誠接待，也看到泰北、緬北僑教明顯的進步。但是，時代快速改變，科技日新月異，教育的腳步也未停止。教育既是窮人翻身的不二法門，是富人持續富有的最佳保險，更是改變泰北義民命運的良方上策，請家長、教師、學校主政人員，一同努力，為我們的下一代作出貢獻。

泰北華校學生藝文比賽，曼谷華僑協會余聲清主席贊助經費與評審教師團隊合影。

中華民國駐泰代表處長官親臨泰北清萊雲南會館，主持雙十國慶與各義民村村長、華校校長、婦女會代表合影。

陳士魁委員長訪泰北華校

【本報駐清邁記者曹克謙報導】北部地區華校僑教座談會於3月29日下午在熱水塘新村一新中學教學大樓會議室舉行。僑委會陳士魁委員長、駐泰台北經濟文化辦事處陳銘政代表、僑務組田樂鳳組長、僑委會僑教處陳淑芳科長、泰華文教服務中心丘志凱副主任、泰國華僑協會余聲清主席、泰國台灣會館蘇林妙芬主席、泰國台灣商會聯合總會張冠昌會長、華商經貿聯誼會黃正男理事長、秘書長鄒長俊、世界日報黃根和社長、清邁雲南會館李[illegible]會長、清萊雲南會館黎慶國會長、泰北義民文史館管理委員會李宗增主任委員、清邁地區華校聯合會王世鸞會長、清萊地區教師聯誼會蘭協禮會長、熱水塘新村一新中學校友會沈慶光會長、一新中學沈瓊敏校長及來自清邁地區各華校校長董事長參加了此次僑教座談會。

僑教座談會開始，首先由清邁地區華校聯合會王世鸞會長致詞介紹了清邁地區華校概況，同時對一些學校所面臨的困難作出了報告並感[illegible]對我們泰北地區的華教一直來給予大力的支持，讓中華文化能在異域他鄉得以傳承發揚。

僑務委員會陳士魁委員長在僑教座談會中致詞表示「在上飛機前跟陳代表談論到，我們僑教工作是僑社的命脈，我們僑教工作做不好，孩子們就不會講中文，可能就不記得自己是中國人。陳士魁委員長希望更多的學生到台灣留學，學成後學生可以根據自己的意願留在台灣或返回泰國。他說，僑教委花在泰北僑教事業上的預算是十分之一，全世界其他地方是十分之九，這說明僑教委對泰北地區真的很重視。

馬來西亞僑教教師總會總會長強調，華文是一個民族的靈魂，教師就是民族靈魂的工程師，沒有教師我們民族靈魂就像被拋棄一樣。如何讓中華文化延續下去，最關鍵的就是師資，我希望我們在曼谷事業發達的好朋友、教師聯合會以及一些基金會來合作，我相信在大家共同努力下，我們泰北的僑教工作就能有序的發展。

接著，由陳銘政代表致詞「今天非常榮幸能夠陪同陳委員長到泰北來看望大家，委員長所講的任何計畫都會由駐泰代表處來執行。今天在機場跟委員長做了溝通，不外乎是如何加強華文教育、如何為泰北地區的子弟找出路，泰北地區只要有年輕的學子願意回台灣念書，希望各位家長校長支持鼓勵他們。僑委會與駐泰代表處會從旁來協助各位，如何進行[illegible]

[illegible]

中華民國僑委會陳士魁委員長暨駐泰國代表處長官訪視泰北華教。

泰北華校慶祝泰國母親節，學生向教師行跪拜禮，獻手工花籃，教師為學生繫平安棉繩手環。

第五章 泰國華文教育的生機與發展

第一節 政府鬆綁華文教育政策

時序進入二十世紀的八〇年代後期，中共改革開放成功，國力崛起，隨著冷戰的結束，資本主義國家與共產主義國家，逐漸走向和解。尤其蘇聯的解體更加速了兩大陣營的由意識形態的對抗變為發展經濟的合作。這種國際局勢的變化，在泰國昔日被認為中文是「有毒的社會主義語文會危害國家安全」的觀念發生了改變。泰國認知到發展經濟最重要，中國是巨大的經濟體，只有搞好華文漢語才方便與之打交道。一九八八年（民國七十七年）十月，泰國中華總商會向泰國教育部，陳述發展華文教育的深遠意義，並請求對華文教育鬆綁。此一舉動獲得眾多華人社團的響應，並呼籲泰國朝野和社會給予支持。泰國政府經過評估答應大家的請求。十一月泰國內閣總理訓令教育部盡速審批。一九八九年（民國七十八年）一月教育部公布，對華文教育鬆綁，具體內容如下：

一、放寬華文教師的資格限制，准許學校聘用不懂泰文的外籍教師，到泰國教授華文，學歷需有學士學位，每次申請可在泰國執教兩年。

二、泰國內閣在外語教育語種中增加華文（原有外語為英、日、法、德四種）。增加的華文與其他語種平等，可按照泰國外文教育政策合法執教。

三、在國民小學凡是一至四年級已有中文的學校，可延長到六年級。還未有教授中文的學校，可從五年級教授中文。

四、在中學過去只有在課後補習方式教授華文，爾後可在外文教育政策下，華文與其他外文一樣成為學生們的選修課。

五、華文可從小學一直教到高中，鼓勵大學多設華文學系，教授華文的教師與教授其他外語的教師享有同等待遇。

一九九二年（民國八十一年）二月四日，總理內閣發文明確規定：「准許各個學校開華文外語課程」，表明了華文已具備同法語、日語、德語等其他外語同等的地位。隨後，泰國學術廳提交了開設華文相關課程的議案：允許各個學校開設自高二、高三的華文課程（原先僅有初一至高一能開設華文課程），並增加華文課至每學年度兩百節。一九九七年（民國八十六年）十月二十四日，教育部私立教育委員會向各華文學校發出通知：「政府允許華文課程的教學時數每天兩節課」。此外，教育部還對華文學校聘請華文教師，教材使用也大幅放寬。

一九九七年（民國八十六年），發生亞洲金融危機，泰國受害最大，影響最深且廣，而中國有效應對影響不大，向世界各國證明了其在世界經濟政治中的地位已提升。泰國政府有鑑於此大幅開放華文教育，大致原因如下：

一、一九九七年（民國八十六年）的亞洲金融危機，中國對危機中受創國家給予支持幫助，度過了危機恢復了經濟。當金融危機過後，泰國和其他東盟國家一樣，意識到了與中國建立合作機制的重要性。

二、有特色的中國社會主義制度，並不會威脅泰國的國家安全，增進中、泰兩國的友誼對泰國的發展有正面益處。

三、華文是當今世界最重要的文字，華文漢語已是世界上通用語言，也是聯合國通用的六大語言之一。

四、當今在泰國懂華文漢語的人，比較有競爭力，更容易找到高薪的工作。

五、因科學技術的進步，使得泰國民眾能夠通過不同的科技手段和途徑，更快更好的獲得華文漢語學習資源，學習途徑的簡易化，拉近了泰國人民與華文漢語的距離。

在二〇〇五年（民國九十四年）－二〇〇六年（民國九十五年）間，泰國教育部制定了促進華文教育的實行措施，共有下列七個項目：

一、扶持政策。
二、謀劃發展戰略。
三、舉辦會議和座談會。
四、發展教師隊伍。
五、改善教材質量。
六、解決課程設置問題。
七、解決施教者與受教者之間的矛盾等。

二〇〇五年（民國九十四年）八月十七日，泰國教育部成立了泰國華文教育戰略工作組，並起草了「促進漢語教學，提高國家競爭力的五年規劃戰略（二〇〇六－二〇一〇）」。其內容如下：

一、要求高中、職各學校及大學本科畢業生，接受良好的華文漢語教育的比例在五年內達到20％。
二、藝術、體育特長學生有權利接受優質的中文漢語教育。
三、至少要有十萬名泰國的適齡勞動者，接受過華文漢語教育，並能在日常生活中學以致用。

此後，泰國教育部根據財政部、外交部、工信部、人力資源部、文職委員會、公務員發展委員會、國家經濟與社會發展委員會、預算辦公室等八大部門的建議，調整了該規劃戰略。二〇〇五年（民國九十四年）十二月十三日教育部召開的會議中，各部門明確了各自在戰略中的職責，二〇〇六年（民國九十五年）八月二十二日內閣批准該項規劃戰略的實施，其執行策略具體分為四項：

一、行政管理。
二、改革與促進教學教育體制。
三、建立學術體系。
四、可持續發展教育體制。

與此同時，泰國內閣還編列了五百二十八萬銖的經費預算，支應實施。在泰國政府持續的作用力下，華文漢語教育終於從多年的沉寂中日漸興盛，形成了中、泰兩國之間合作發展的文化產業。近十餘年來，促進了中、泰兩國以文化教育為目的頻繁互訪，每一次的交流都是國家利益的真實體現，也是華文漢語實用性的增強，所以，華文漢語已是中、泰兩國共同利益重要推動的力量。

第二節　泰國教授華文的機構

自泰國政府華文教育政策鬆綁，教授華文之機構在中華民國這邊，有「泰國中華會館中華語文中心」，及「泰國中華國際學校」。在海峽對岸那邊，透過孔子學院及孔子課堂，泰、中交流也極為頻繁，華文學校得從中國聘請華文教師來任教，泰國的華文教師也得以去中國學習進修，這種交流對華文教育水準的提高幫助很大。但泰國華人在文化事業方面最明顯的重大成就是：「華僑崇聖大學Huachiew Chalermprakiet University（HCU）」的創辦最具代表性。茲簡介如下：

泰國中華會館中華語文中心：一九九二年（民國八十一年）十二月二十三日，獲得泰國政府核准成立。成立宗旨是促進泰中文化交流合作，配合泰華社會需要，推廣華語教學，開辦以來廣獲好評，學生人數顯著增加。一九九六年（民國八十五年）十二月，新建校舍「光華教學大樓」完工啟用，樓高六層，有十六間教室，另有視聽教室、圖書館、電腦教室、教師休息室、辦公室、交誼廳及閱覽室，校舍軟硬體更臻完善，使推動華文教育更上一層樓。語文中心一九九二年（民國八十一年）開辦時有學生兩百九十三人，到一九九五年（民國八十四年）學生增加到八百人，招生滿額。班級分正規班、週六、日班、社會青年班、會話班，程度分小學、中學等，對推廣華文教育貢獻很大。

泰國中華國際學校：二十世紀後期，赴泰國投資設廠從事工商業的臺商日漸增多，子女教育問題為當務之急。泰國臺灣商會理事長余聲清先生，於一九九一年（民國八十年）發起籌建學校，解決臺商子女教育問題。適逢泰國政府，於一九九二年（民國八十一年）五月開放華文教學，臺灣商會積極成立「興建泰國中華國際學校委員會」，展開籌募建校基金，獲曼谷地區臺商熱烈反應表達支持，有臺商捐獻建校用地及建校基金。僑委會更錦上添花，於一九九三年（民國八十二年）十一月二十六日，邀請臺灣電視公司，組成綜藝團在曼谷Panthip Plaza大飯店，舉辦「中華之愛華夏之夜」募款餐會，當場即募得建校基金一千五百萬泰銖。一九九四年（民國八十三年）八月十七日，僑委會委員長蔣孝嚴赴泰國主持學校奠基動工典禮。一九九五年（民國八十四年）九月一日校舍落成啟用，按照泰國教育部規定，採用中、英、泰三種語文教學，每週有五小時中文教學，全校教學以中、英為主，泰文為輔，學生必需學習三種語文。招收學生自幼稚園、小學、初中、高中，一貫連接。高中畢業學生可申請歐美大學或回臺灣升讀大學。學校開辦初期有學生一百七十二人，泰籍學生三十五人，現有學生六百七十一人。中華國際學校籌建初期，由僑委會輔導，至一九九八年（民國八十七年）一月加入中華民國教育部輔導，成為「海外臺北學校」，經費接受中華民國政府支助。至二〇〇六年（民國九十五年）一月遵泰國政府規定，中華民國教育部須退出輔導，學校轉變成自給自足之國際學校。

華僑崇聖大學：一九九一年（民國八十年）十二月六日，泰國報德善堂為籌備慶祝建堂八十周年，董事長鄭午樓博士邀請各華僑社團領袖，各日報記者舉行座談會，會上，鄭董事長提出要在曼谷創辦一所中文大學，為國家社會培植專門人才，這所大學要以慈善機構方式不牟利為宗旨，以中文教育與研究，溝通中泰文化和適應社會日益重視中文的需要為目標。鄭博士的提議獲得與會者的熱烈支持。計畫籌資十億泰銖，鄭董事長率先捐款一億泰銖，消息傳出，華人殷商紛紛響應，在兩年內已達目標。興辦華僑大學的申請，很快便獲得泰國大學部批准，並蒙泰皇浦美蓬御賜「華僑崇聖大學」校名。經兩年興工，一九九四年（民國八十三年）三月二十四日，崇聖大學舉行隆重揭幕典禮，標誌著泰國華人對國家文化教育事業的重大貢獻，也是弘揚東方及中華文化的一大盛舉。

回溯歷史，華僑崇聖大學的前身是創辦於一九三八年（民國二十七年）的「華僑學院」，一九九二年（民國八十一年）升格成綜合性大學，位於泰國北欖府挽披縣挽差隆區，佔地一百四十多公頃。校訓是「學成服務社會」。初設五個學院，後增為十個學院，分別是：文學院、社會福利學院、企業管理學院、護理學院、藥理學院、醫學技術學院、物理治療學院、公共衛生及環保學院、中醫學院、研究生院。

文學院的華文學系是重點，以傳揚中華優秀文化，將東方儒釋道哲學思想與西方文明先進科技融為一體。學生不限泰籍，男女兼收，以自由、民主、法治、文明、科學與尊崇泰國文化傳統美德嚴謹教學，期以學生成為品學兼優的有用人才。現有學生約萬人，教職員約八百人。圖書館藏書十七萬冊，其中中文書四萬冊。學校授課以英、泰語為主，學生入學資格：英語需美國TOEFL考試達五百五十分以上，或英國／澳大利亞IELTS考試達六・〇以上，泰語需高中畢業，參加入學考試，近年來華文高中畢業，具一定程度之英、泰語文能力，經入學考試亦可入學。

華僑崇聖大學的課程特色如下：

一、人文科學：設有華文、英文、泰國語言文化、中英雙語、英泰雙語等本科專業課程。

二、社會科學：設有社會公益學、法學、新聞傳播學、經濟學、旅遊學、服務業學、企業管理學、會計學、管理學、市場學、金融學、國際貿易學、工業管理學、企業電腦學等本科專業課程。

三、醫療科技：設有中醫學、護理學、藥理學、醫療科技學、物理治療學、公共衛生與環保學等本科專業課程。

四、科技方面：設有電腦學、生物工業學等本科專業課程。

五、研究生院：設置六個碩士班研究生課程，分別是：現當代中國文學、社會管理學、企業管理學、工業管理學、鄉村醫療實務學、醫療衛生制度管理學等。

華僑崇聖大學於一九九二年（民國八十一年）五月十一日，得泰國拉瑪九世皇蒲美蓬阿杜德賜名。第一任董事長鄭午樓博士，因籌備建校時得五十六位「華僑報德善堂」善長，每位捐款一千萬泰銖以上支持，學校特塑造了他們或其親屬的半身銅像，陳列校史館永久紀念。

第三節　詩琳通公主效應

二十世紀九〇年代後，泰國華文教育能全面蓬勃發展很重要的原因之一，是皇室的詩琳通公主對華文漢語的愛好與重視，並做出了傑出貢獻，華人稱之為「詩琳通公主效應」。

詩琳通公主，全名瑪哈・扎克理・詩琳通，是泰國九世皇浦美蓬・阿杜德與詩麗吉皇后的次女，一九五五年（民國四十四年）四月二日生，從小勤奮好學，聰明伶俐，多才多藝，學業成績特別優異。自幼即隨侍皇太后身邊，受太后仁民愛物精神薰陶，公主篤信佛教，慈悲為懷。一九七七年（民國六十六年）自朱拉隆功大學第一名畢業，在獲得藝術大學東方語文及朱拉隆功大學兩碩士後，一九八六年（民國七十五年）獲詩納卡琳威洛大學教育博士學位。由於她對華文的熱愛，勤練書法，也嗜愛中國樂器，學生時代即與中國國粹接觸，有相當好的基礎。

一九七五年（民國六十四年）七月一日，泰國與中共建立外交後，剛滿二十歲的詩琳通公主以其特有的戰略眼光，高瞻遠矚地預見泰、中兩國的友好合作交流將會不斷發展和擴大，而語言既是文化的載體，又是兩國交往和溝通的橋樑，隨著中國國力的崛起，華文漢語已漸受世人的重視，而泰國與中國雙邊合作交流，華文漢語必然發揮重要作用。所以，公主在已精通英文、法文、高棉文、巴利文、梵文的多種文字後，一九八〇年（民國六十九年），得父皇與母后的鼓勵，勤習華文及漢語，進步神速，短短幾年就能說流利漢語，讀通三國演義、唐詩、宋詞等古典名著。

一九八一年（民國七十年）五月十二日，公主應中共政府邀請第一次訪華，實現了她的夙願，是泰國皇室訪華的第一人。爾後在她的鼓勵下，皇后、皇兄、皇妹都曾應邀訪華，大量的增進了中泰兩國的友誼。她說：「中文可以把人引導到地球上知識最豐富的國度之一的領地，而且越學越能體驗到它的廣博和深邃」。

公主親自撰寫了多部在中國遊歷的作品，如《踏訪龍的國土》、《平沙萬里行》、《雲霧中之雪花》、《雲南白雲下》、《清清長江水》、《回歸大中華領土》、《江南好》，並將其翻譯成泰文，在泰國發行。尤其《踏訪龍的國土》出版後，多次再版，為泰國打開了一扇認識華夏、神遊中國清新而明麗的窗口。還把一百多首唐詩，中文小說《蝴蝶》、《行雲流水》譯成泰文，並出版了三本詩集《神韻閃耀》、《琢玉詩詞》、《詩琳琅》，公主因此成為將中國古典詩詞翻譯成泰文出版的第一人。

二〇〇〇年（民國八十九年）三月十七日，中共教育部特授予公主「中國語言文化友誼獎」獎章。二〇〇一年（民國九十年）三月北京大學頒贈她名譽文學博士學位。為了在泰國弘揚中華文化，中國十餘年來已在泰國設立了十四所孔子學院，十所孔子課堂，公主在百忙中出席開幕式，為其題詞。還在泰北清萊皇太后大學詩琳通公主文化中心，設立中文師資開發基金，培養及培訓中文師資人才。

三十多年來公主已四十餘次蒞臨中國訪問、考察、研修，已踏遍中國的每一個風景名勝，山川大地，每次歸來都有遊記新書問世。公主說：「我與中國有緣，幾乎愛上了中國的一切：包括歷史文化、手工藝、考古、水利、農業等」。由於詩琳通公主對中國的親善行為，其最大貢獻是，導正了多年來泰國人對中國人及華文的偏見思想，讓泰國的知識分子及當政者開始重新了解中國，重新定位華文，進而喜歡中國文化。因公主一直以來，非常關心中泰兩國關係的發展，致力促進兩國文化、教育的交流合作，增進了兩國人民的友誼與福祉作出了重大貢獻，導致了泰國幾乎全民學習華文漢語的熱潮，有人形容華文漢語已遍地開花。

二〇〇三年（民國九十二年）九月泰國留學中國的大學校友會，在北京舉辦了「學習詩琳通公主精研中國文化精神」的講座，這樣的講座對於泰國的華僑華裔，有極大的激勵效果，對泰國政府重視華文，支持國民學習華文起到了良好的作用。

中、泰兩國政府都咸認，詩琳通公主是兩國人民互相了解文化、社會、歷史及現狀的最佳大使。近年來泰國遊客興起了赴中國的絲路，長江三峽，西雙阪納，萬里長城、北京故宮之旅等熱潮，都是在公主的影響下興起的。中國觀光客赴泰國旅遊更是絡繹不絕。經調查中國人民出國旅遊最想去的國家，泰國名列第一。

泰國皇室詩琳通二公主，親為泰北義民村舉辦公主盃反毒大會開幕擊鼓，為推展華文教育奔走各華文機構。

中華民國國立臺北教育大學張玉成校長伉儷，暨教育部主任秘書蔡義雄教授伉儷，赴泰北華校校長培訓，參訪泰北皇太后大學附設，詩琳通中國語言文化中心合影。

第四節　泰國華文教育發展所面臨的問題

時序進入二十一世紀，隨著中國綜合國力的崛起，博大精深王道的中華文化，已受世人的重視，「華文熱」燃遍了世界每一個角落。中華民族迎來了揚眉吐氣的機遇，泰國是華僑華裔最多的國家，以往因種種因素造成政府對華文的箝制與打壓，但黑暗的時間已過去，現在已進入一個較高發展的時代，華文教育已被泰國政府納入國家主流教育體系，但是，在發展過程中還面臨著許多困難。

茲分述如下：

一、師資力量的缺乏及較大的流動性。教學質量的良窳在師資，泰國各地華文教育已如火如荼的展開，掀起了學習中文漢語的熱潮，但是，師資問題不得到解決，那麼華文教育的繁榮也只是表面的繁榮，缺乏持續的動力，熱潮就會退去。嚴格的說泰國華文師資的量不少，但缺少的是質。質的問題有兩大隱憂：

1. 中國派來的教師多是漢語專業的應屆畢業生或研究生，他們年輕有熱情也有使命感，但缺少教學經驗，任期是十個月（兩學期）。年輕人初到異國他鄉，很新鮮，想知道、想學的東西太多，經過一段時間的磨合，漸漸熟悉環境，學生也適應老師的教學風格，但十個月的任期將到，不久又換一位新來的老師，一切從頭再來，這樣的不斷循環，想達到好的教學效果是有困難的。

2.泰國本地的中文教師，問題更多，經歷多年政府對華文的箝制打壓，華文已斷層，懂華文的人已不多，能擔任華文教師的更少，所以華文教師的數量明顯不足。但更嚴重的是專業知識不夠、年齡偏高、教學方法非常傳統，常是用一支粉筆，一本教材就撐起整個課堂，不習慣用輔助教具，缺乏現代化的教學手段，發音也不標準，當學生不明白時就以泰語溝通，這種教學方式會大大減低華文教學效果。政府或學校當局也知道這種情形，但限於許多因素，改善非常困難。

二、學校行政專業人才缺乏。當今世代，各行各業都需要專業，教育工作亦不例外。泰國之華文學校行政模式多以昔日傳統的方式經營，與現代科學化、民主化、人性化的教育模式脫節。教師團隊仍以口授傳道方式教學，對學生潛能的啟發著力不夠，尤其使用輔助教具誘導學習的能力顯有不足。教師專業能力的養成也不足，每一學科均有其專業性，教師需要「專業認證」，然而在師資缺乏的情形下，要求每一學科都有合格的教師是很困難的。雖有在職培訓，但受訓者的學歷背景、年齡、教材、培訓時間的長短都會直接影響效果。

三、授課時數的不統一及課程缺乏連貫性。根據調查當今泰國的幼稚園及小學，絕大部分每週上五節華文課，到初中、高中華文教學時數只有兩節。大家都知道，華文漢語不易入門，學生日常以泰語交流，在聽說讀寫四項中，缺了非常重要的前兩項，教學時數又太少，學習效果當然不理想。因此，華文補習的風氣很盛，而且補習費比學費貴，只有有經濟能力，又有心的家長才堅持補習華文。因補習的關係造成了學生中華文程度的參差懸殊，在教學與升學方面也發生問題。再者，泰國缺少統一的華文教材，通常教材由各華文班自選，可以說五花八門，這也造成學生升學考試的困擾。

四、各地區華文教育發展不均衡。由於泰國城鄉差距大，加上早期歷史所奠定的華文基礎也不同，曼谷及周邊地區經濟比較發達，現代化程度高，佔有的資源較多，華文學校也比較密集，而偏遠的廣大農村，交通不便，經濟落後，資源少，華文學校也少。學校的失衡，導致華文教育的嚴重差異。所以，想要泰國的華文教育全面發展，遍地開花，真正的欣欣向榮，還有很大的努力空間，當務之急是縮小城鄉差距。

五、學習華文獲得的益處還不彰顯。學習語言的目的主要是用它進行交流，進而能謀求生活的改善，達到學以致用的目的。如果花了財力、心力、時間學習華文後，不能熟練的運用在日常生活中，益處就不彰顯，那會令學習者懷疑這項學習是浪費時間，是無效果的學習。根據調查都市地區的學生認為學好華文益處多的比例顯著偏高，但偏遠農村的學生認為學習華文對自己幫助不大。由於「大泰化政策」的推行已逾半世紀，想要有效普遍提高華文程度，觀念的改變恐怕是當務之急。

六、學生對學習華文不積極。泰國華裔受政府多年來「泰化」政策的影響，已經幾代人放棄了華文，家長雖有身為炎黃後裔，不能忘本的想法，逼迫子女學習華文，尤其看到中國的崛起，懂華文漢語才具競爭優勢，但子女的想法可不是這樣，認為自己的母語就是泰語，泰語文易學，華文漢語難學，把泰語文學好已很辛苦，再加上華文漢語，倍極辛苦，同儕間交流都用泰語文，眼前華文漢語的功能並未彰顯，因此學生以應付的學習居多，多數家長亦無輔導能力。在這樣的大環境下，想把華文漢語學好還需從觀念、態度、做法上改變，方能竟其功。

七、教育工作者薪資低積極性不夠。泰國平均個人國內生產毛額約一萬七千美元，但因貧富差距大，屬於中度開發的農業國家，中小學教育工作者薪資偏低，平均工資約一萬泰銖（約美金三百二十元，約人民幣兩千元），首都曼谷是非常國際化的大都市，物價不便宜，城鄉消費差距大。因薪資低，兼職很普遍。再加泰國的民族性，樂天知命，篤信佛教，寄望來世，總體而言積極性不夠。

由以上的問題可以看出泰國華文教育面臨的困難，知道了困難所在，就要想方設法謀求解決。中國大使館已彙整了這些問題，要透過孔子學院、孔子課堂及師資的遴選，幫助泰國解決困難，提升華文能力。但問題的關鍵還是泰國自己，需主導政策的政府堅持既定政策，強力宣導，改變民眾的觀念，大家目標一致，向著既定目標努力，假以時日自有所成。

第六章　結語

對海外的華人社會，華文漢語不僅是一門語言，而是海外炎黃後裔亙古不變的民族情操，也是自己與祖國聯繫的紐帶。回溯泰國華僑教育百餘年來的篳路藍縷，面臨各種危機，不惜生命危險，周旋於複雜的政治局勢中，為華文教育的延續與發展爭取存活空間。在歷經了早期的萌芽時期、初興時期、壯大時期、低潮時期、進入萎縮時期。到二十世紀末，面對泰國政府開放華文教育的機遇，迎來了大發展時期，華僑大規模的創辦華文學校，使華文學校不僅在辦學規模上有了發展，在教學質量上也有了顯著提高。

現今之泰國華文教育已邁入遍地開花的黃金時代，教學對象已逐漸擴大，初時中文教育的對象是華裔，隨著中國國力崛起，華文漢語實用價值的提升，越來越多的非華裔年輕人，也紛紛選擇進入華文學校接受華文漢語教育，以提高自己的競爭能力。目前學習華文的本土泰國人，有皇室成員、政府官員、研究學者、企業家、商人、各年齡層學生、普通百姓。學習方式不僅在學校，也在補習班，或利用3C科技，可以說華文教育已經打破了學校限制，擴大到社會各階層，教育對象也遍及各領域。隨著時代的發展，華文教育已經擔負著全球化，培養適應多元文化發展的華文漢語人才，也為提升中華語言文化知識技能，另一方面也為所在國人才培育服務。所以華文教育的功能已經從單一化逐漸走向多元化。

泰國人口六千五百餘萬，約有三分之二人口分布在農村，是一個以農業為主的國家。因擁有豐富的自然與人文觀光資源，每年吸引了幾千萬的外國觀光客來旅遊，為國家創收大量外匯，成就了東南亞觀光大國的稱號。泰國因深受佛教影響，人民樂天知命、敬天法祖、對人友善，被西方人稱為「微笑的民族」。二〇一二年（民國一〇一年）蓋洛普民意調查中心公布全球一百四十八個國家和地區的「幸福感排行榜」，泰國名列亞洲第一。二〇一三年（民國一〇二年）萬事達信用卡公司調查全球旅遊目的地城市指數，泰國是最想去旅遊的國家。而在泰國也有人對年輕人訪查，想投身導遊從事觀光旅遊業者亦排名第一，顯示泰國的觀光產業商機無限，前景看好。觀光旅遊業是「無煙囪的工業」，它的特徵是技術性不高，無須精密設備，靠的是服務品質，而服務品質的水準最根本的顯現在語文能力上。在泰國除母語外，以往英語是第一外語，因觀光客以西方講英語者為多，但近年隨著中國觀光客的人數攀升，講華語人數已大幅超越英語。再加上中國綜合國力的崛起，中、泰間交流頻繁，涉及的範圍是經濟、政治、文化、經貿、旅遊等全面性的，故為因應華文漢語人才的需求，政府已將華文教育政策納入主流教育體制，華文漢語列第二外國語，除在各級學校教授華文，每年還選派大、中學生或相關華語文政府或民間人士赴中國研習華語文，期能用多管道培養華語文人才，儘速為國家所用。然而受限於中文漢語初學不易，大環境又不利漢語的聽與說，雖有華文漢語人才需求孔急，而人才培育又非一蹴可及，有遠水救不了近火，緩不濟急之勢，但只要方向正確，政府民間同心協力，假以時日將有所成。

後記

泰國是東南亞國協（ASEAN，簡稱東協）十個成員國的基本成員，近年中國國力崛起，與東協建立自由貿易區（CAFTA），中、泰兩國的關係更加密切。泰國在東南亞國家是僅次於印尼的第二大經濟體，以旅遊業、輕工業、農業、礦寶石出口為國家四大經濟支柱。因泰國是華僑、華裔人口最多的國家，而且在政經方面已有良好基礎，國家的經濟命脈可以說掌握在華人手中。尤其旅遊業（或稱觀光業）是四大經濟產業之首，一年幾千萬的觀光客，百分之八十來自大陸、港澳臺、新加坡等地的華人，其中中國大陸是最大的客源。臺商超過三十萬，陸商也二十餘萬，近年更年年增加。有這麼多的華人在泰國，華文漢語已是實用且必須的工具，難怪泰國政府越來越重視華文漢語。中共國家漢辦於二〇〇六年（民國九十五年）年初與泰國教育部簽訂「漢語教學協議書」，八月在孔敬大學設立第一所孔子學院，合作對象是中國的西南大學，爾後每年以至少兩所孔子學院，兩所孔子課堂的速度增長。迄二〇一五年（民國一〇四年），已有十四所孔子學院，與中國北京大學、華僑大學、廈門大學等合作，為泰國的中文漢語出謀獻策，交換、培訓在地師資，已促成泰國華文漢語的全面發展。十所孔子課堂，則與當地中學或中國國內中學合作，為中、小學生基礎華文漢語奠基，雖在推動中也面臨不少困難，但中、泰雙方堅信，終將否極泰來。

其實若追溯歷史，泰國的國族泰族有中華民族的血緣，泰國文化亦深受中華文化影響。泰國於一二三八年（南宋理宗熙嘉二年），由「室利膺陀羅鐵」領導泰族擊敗高棉軍奪回今泰國北部的「素可泰城」建立了泰國歷史上的第一個王朝（一二三八－一四三八），定都素可泰城，史稱「素可泰王朝」。王朝的第三位國王「蘭甘亨大帝」（一二七九－一二九八年在位），因創造泰國文字及團結各民族使國家強盛，篤信佛教，自錫蘭（斯里蘭卡）引進上座部佛教（小乘佛教）為國教，被尊為「泰國之父」。他與中國的關係，始於一二九四年（元世祖至元三十一年），親赴中國覲見元世祖忽必烈朝貢，避免元軍對國家的威脅，後又再次親赴元廷，敦睦邦誼，並帶回元朝的匠工，開創了泰國著名的「宋加洛陶藝」（Sangkhalok Ware），而今已成國家重要的民族工藝。

到了泰國第二王朝「大城王朝」的開國國王「拉瑪鐵菩提烏通大帝」（一三五〇－一三七〇年在位），他編纂了第一部暹羅法典，奠定了國家法律制度，實行門戶開放，鼓勵中國商人來暹羅經商，中國明朝初年經由商人帶來了特有的絲織、造紙、瓷藝等技術，使首都大城成為國際貿易的港口，尤當鄭和前後三次出洋，暹羅是重要中繼補給、歇腳之地。因經濟的活絡帶動了暹羅社會的繁榮，國家富強安定，人口快速增加。

當大城王朝於一七六七年（清乾隆三十二年），被鄰國緬甸所滅，崛起的大城王朝將領「鄭昭達信」，組織軍隊反攻擊敗緬軍，建立了第三王朝「吞武里王朝」（一七六七－一七八二年在位），被尊為鄭昭大帝。他不但擊敗緬軍重建了國家，還敉平了各地的割據勢力，戰勝了周邊國家，大幅擴張了國土面積。鄭昭是中泰混血兒，其父鄭鏞原籍廣東澄海（汕頭）。鄭昭建國後對故鄉多有回饋，將鄉親大批移民暹羅，影響後世深遠，今日的泰國華僑以潮州人最多，潮州話有泰國國語之稱譽，潮州人在泰國政、軍、商、工、學各界，均有傑出表現。

尤其繼承「吞武里王朝」的當今第四王朝「節基王朝或曼谷王朝」，一世王「帕佛陀約華朱拉絡大帝」（一七八二－一八〇九年在位）登基後，於一七八六年（清乾隆五十一年）赴中國清朝進貢，自稱是鄭昭之子，得乾隆皇帝賜名「鄭華」，迄今已傳十代，每一代都有一個鄭姓名字，當今的拉瑪十世王「瑪哈瓦吉拉隆功。」，二〇一六年（民國一〇五年）繼位叫「鄭冕」，其父拉瑪九世王「蒲美蓬阿杜德大帝」叫「鄭固」，在位七十年，是世界上君主國家在位最久的國王。九世王的祖父拉瑪五世王「朱拉隆功大帝」叫「鄭隆」，在位四十二年，因對國家貢獻大，被尊為「現代泰國之父」。

由泰國歷代王朝與中國的關係，可知中泰兩國是友好的盟邦，更要強調的中泰兩國從未發生過戰爭，泰國自立國七百八十二年來，與中國元、明、清、迄中華民國到中共，均保持友好，共存共榮。在二十世紀經歷兩次世界大戰，西方資本帝國主義國家因戰爭有大幅度的消長，被殖民的國家因民族覺醒，民族主義浪潮一波又一波興起，獨立運動不斷，其間因政府的更替，排華事件很多，華僑生命財產的損失無法估計。尤其許多君主政體國家在廢除君王或君主立憲過程中，華僑也受到波及。泰國是東南亞國家唯一保持獨立自主政體者，雖在一九三二年（民國二十一年）也發生了君主立憲變革，國王的權力受到限縮，但比其他君主立憲國家好得多。到二十世紀中葉，因國際共產唯物思想昌獗，泰國內閣政府為防堵共黨赤禍危及國家安全，曾對中文教育箝制與打壓，也為推行「華人泰化」政策，對華僑曾有過損害，但總體而言，泰國人民對華人華裔還是保持友善態度，大規模的種族衝突從未發生過，政府也從未主導過大規模的排華運動。

當國共內戰期間，泰國政府始終保持中立，中華民國失去大陸政權後播遷臺灣，有「孤軍」退出國門經緬甸轉進到泰北，尚得泰國政府及皇室的包容才有了後來安身立命，生存發展的機遇。尤其當緬甸政府在聯合國控告中華民國軍隊非法入侵，經美國調解於一九五四年（民國四十三年）、一九六一年（民國五十年）兩次撤軍回臺灣後，泰國國王蒲美蓬及皇后詩麗吉於一九六三年（民國五十二年）六月親訪在臺灣的中華民國，得蔣中正總統親切接待，暢敘世界政情，交換國家安全意見。一九七一年（民國六十年）七月十九日泰皇還分別接見了滯留泰北孤軍三、五兩軍指揮官李文煥與段希文，感謝孤軍為戍守泰北邊疆有效防止了泰寮緬柬越共對國家的滋擾。

一九七五年（民國六十四年）中共與泰國正式建立外交關係後，兩國的友誼不斷增進，政府與民間的互訪交流頻繁。到九十年代中國經濟起飛，國力增強，在一九九六年（民國八十五年）亞洲金融風暴泰國受傷嚴重，得中共貸款度過危機，經濟迅速復甦。

近年華文漢語隨著中共國力的崛起，更彰顯出實用力度，在全世界掀起了學習的熱潮。當然泰國也因皇室詩琳通公主效應，改變了泰國人民對華文漢語的態度，引發全民學習華文漢語的風潮。在跨入二十一世紀後，又因詩琳通公主的鼓勵，皇室成員皇后、皇子、公主妹妹先後訪問中國，帶動了政府各級官員、學者專家、企業界人士頻往中國取經，促成了孔子學院在泰國成立，政府將華文漢語納入國家主流教育體制之中。

參考資料

1、《華僑發展簡史》李樸生撰，（民國五十年臺北正中書局出版）。
2、《泰北難民村起源之回顧》甯鴻賓撰，民國七十二年中國大陸災胞救濟總會）。
3、《泰國華僑概況》沈英名著，（民國七十七年十月臺北出版）。
4、《多元文化與教育的融合》何福田撰，（民國八十八年屏東師範學院出版）。
5、《從泰國歷代王朝看九世皇勳業》黃通鎰撰，（民國九十七年建華青年第五期）。
6、《狹縫中生存的泰國華文教育》黃通鎰撰，（民國九十八年建華青年第七期）。
7、《泰國泰北志工教師服務手冊》黃通鎰編，（民國一〇二年二月臺北出版）。
8、《教育部泰國華文教育考察報告》何福田教授等考察團，（民國一〇四年三月）。
9、《談華僑教育嬗變到華文教育》黃通鎰撰，（民國一〇五年臺北出版）。
10、《泰國地區僑情報告》陳鴻彰撰，（民國一〇八年四月僑聯總會海外理事會）。
11、《東南亞華文教育》周章峨撰，（一九九四年中國暨南大學出版）。
12、《前雲南人民反共志願軍助泰國剿共情形》陳茂修撰，（一九九五年泰北清萊）。
13、《緬泰僑教》何福田等著，（一九九九年六月臺北出版）。
14、《中國崛起與東亞區域經濟發展》孫震博士曼谷演講，（二〇〇八年七月三十日）。

15、《異域三千里，重返異域》汪詠黛撰，（二〇〇八年時報文化出版社）。
16、《泰北情緣二十年、愛留異域三十年》錢秋華著，（二〇〇八年出版）。
17、《雲起雲落（石炳銘回憶錄）》石炳銘著，（二〇一〇年二月時報文化出版社）。
18、《讓大愛牽起希望的小手》，（二〇一〇年二月泰國菩提文教基金會出版）。
19、《教育入門》何福田等編著，（二〇一三年泰國清萊華校教師公會出版）。
20、《詩琳通公主殿下華誕》，（二〇一〇年四月二日暹羅日報泰國曼谷）。
21、《談華僑教育》黃通鎰撰，（二〇一三年騰衝華僑華人集刊）。
22、《泰國華校華文教育歷史與現狀研究》黃永濤撰，（二〇一二年四月廣西師範大學碩士學位論文）。
23、《泰國漢語教育政策及其實施研究》韋麗娟撰，（二〇一二年五月華東師範大學博士學位論文）。
24、《救總六十》，（二〇一〇年中華救助總會出版成立六十周年專輯）。
25、《泰北鐸聲》黃通鎰主編，（二〇一〇年一月泰北華校教師公會出版）。
26、《泰國華文教育的歷史與現狀研究》黃麗瑋撰，（二〇一四年五月廣西民族大學碩士學位論文）。
27、《異域留縱》劉黎芬著，（二〇一四年泰國出版）。
28、《泰國華文教育發展史》李晚月撰，（二〇一六年六月哈爾濱師範大學碩士學位論文）。

29、《世界年鑑泰國部分》，（二〇一八年中華民國中央通訊社發行）。
30、《東南亞地區華文教育文集》莊善裕主編，（中國暨南大學出版）。
31、《泰國限制華文教育的前因後果》羅谷國撰。
32、《簡談泰國華文教育》王淑貞撰。
33、《泰國華文教育概述》鄭逸卿撰。
34、《泰北華文教育發展應注意的問題》徐明亮撰。
35、《泰國的華人教育》謝樸章撰，泰國新中華中學印行。
36、《維基百科全書泰國欄目》。

Do觀點66　PG2533

泰國及泰北華文教育

作　　者／黃通鎰
策劃主編／財團法人興華文化交流發展基金會、世界華語文教育學會
責任編輯／石書豪
圖文排版／周妤靜
封面設計／劉肇昇

出版策劃／獨立作家
發 行 人／宋政坤
法律顧問／毛國樑　律師
製作發行／秀威資訊科技股份有限公司
地址：114 台北市內湖區瑞光路76巷65號1樓
電話：+886-2-2796-3638　傳真：+886-2-2796-1377
服務信箱：service@showwe.com.tw
展售門市／國家書店【松江門市】
地址：104 台北市中山區松江路209號1樓
電話：+886-2-2518-0207　傳真：+886-2-2518-0778
網路訂購／秀威網路書店：https://store.showwe.tw
國家網路書店：https://www.govbooks.com.tw

出版日期／2021年9月　BOD一版　定價／300元

|獨立|作家|
Independent Author
寫自己的故事，唱自己的歌

讀者回函卡

泰國及泰北華文教育 / 黃通鎰作. -- 一版. --
臺北市 : 獨立作家, 2021.09
面 ;　公分. -- (Do觀點 ; 66)
BOD版
ISBN 978-986-99368-7-3(平裝)

1.華僑教育

529.3382　　110008338

國家圖書館出版品預行編目